대_大학_學

책머리에

『대학大學』은 유가儒家의 대표적 경전인 '사서四書'의 하나다. 『대학』에 대해서는 모른다고 할지라도 『대학』에 나오는 '수신修身 제가齊家 치국治國 평천하平天下'라는 말은 한 번쯤 들어보았을 것이다. 이처럼 『대학』은 바로 유가의 학문과 수양, 나아가 정치론의 요체를 제시하고 있는 책이다.

'대학大學'이란 '큰 배움'이라는 뜻으로, 이 책은 일종의 고등교육의 입문서였다. 전통사회에서는 초등교육에 해당하는 『소학小學』을 배운 후 본격적인 학문의 길로 접어들 때, 학문의 목표와 방향을 제시하기 위해 사서 중 가장 먼저 『대학』을 읽었다. 즉, 『대학』은 인격을 지닌 인격체로서 지녀야 할 삶의 목표와 방향을 확립하는 길잡이가 되는 책이라 할 수 있다.

『대학』은 주희朱熹가 주석을 달고 체재를 개편하여 편찬한 『대학장구大學章句』가 보편적으로 읽히고 있다. 이에 대체로 주희의 『대학장구』 번역본이 많이 보급되어 있다. 이처럼 선현先賢의 주석을 기반으로 고전을 이해하는 방법도 필요하지만, 한편으로 특정 주석에 얽매이지 않고 다양한 관점에서 원문 자체를 그대로 이해하는 것도 고전古典을 폭넓게 이해하는 방식이 될 수 있을 것이다. 이러한 점에서 이 책은 주석을 제외한 『대학』의 원문만을 번역하였다. 물론 원문의 기본적인 풀이는 주희의 『대학장구』 주석을 토대로 해석하였고, 간단한 용어 풀이와 장별 해설을 덧붙여 독자들의 이해를 돕고자 하였다. 아울러 일명 『고본대학』이라고 부르는 본래 『예기』, 「대학」 편의 원문과 해석을 끝에 실어서, 성리학의 체재로 편집된 『대학장구』와 비교해 볼 수 있도록 하였다.

이 책은 가급적 일반인이나 학생들도 내용을 이해하고, 고전의 의미를 생각해 볼 수 있도록 쉽게 번역하고자 하였다. 이 책을 통해 현대인들이 『대학』의 내용을 이해하고, 진정한 큰 배움의 길에 대해 생각해 볼 수 있기를 기대해 본다.

2023년 3월

우암산牛岩山 자락에서 도민재 씀

차 례

『대학』은 어떤 책인가

　『대학大學』은 유가儒家 사상의 기본 경전經典인 사서四書 중 하나다. 사서는『대학』,『논어論語』,『맹자孟子』,『중용中庸』의 네 책을 말하는 것이다. 이 중에서『논어』와『맹자』는 본래 단행본으로 전해왔지만,『대학』과『중용』은 오경五經의 하나인『예기禮記』에 실린 각각 한 편이었다.『예기』 49편 중 제42편이「대학」이고,「중용」은 제31편이었다. 이것이 송宋나라 때에 이르러 독립된 책으로 편성되어 지금에 전해지게 되었다.

☕ 『대학』의 저자

　『대학』은 본래『예기』에 속한 한 편이었기 때문에, 저자에 대해서는 정설定說이 없다. 전통적으로『중용』과『대학』

은 공자의 손자인 자사子思가 지었다는 견해가 지배적이었다. 한대漢代의 가규賈逵는 "자사가 송宋 땅에 살면서 가학家學이 없어지는 것을 우려하여 『대학』을 지어 경經으로 하고, 『중용』을 지어 위緯로 하였다."고 했으며, 송대의 정호程顥·정이程頤는 "공씨가 남긴 책"이라고 언급하였다. 주희朱熹는 『대학』을 경문經文과 전문傳文으로 나누고, "경經1장은 공자의 말씀을 증자曾子가 기술한 것이고, 전傳10장은 증자의 뜻을 문인들이 기록한 것"이라고 하였다. 여기서 자사가 증자의 제자였으므로, 주희의 견해 역시 전통적인 '자사저작설子思著作說'과 관련이 있다.

이후 청대淸代에 이르러 실증적·고증적으로 검토하고 비판하는 고증학考證學의 학풍이 일어나면서 종래의 '자사저작설'이 부정되기도 하여, 진한秦漢 사이 혹은 전국시대의 어느 사상가에 의한 저작이라는 설이 나오기도 하였다.

☕ 『대학』의 성립

『대학』이 『예기』에서 분리된 것은 송대宋代 사마광司馬光, 1019~1086이 『대학광의大學廣義』를 저술하면서부터다. 그리고 이정자二程子; 程顥와 程頤 형제는 『대학』을 초학자들의 입문서라고 하여 『대학정본大學定本』을 짓고, 『논어』·『맹자』·『중용』과 함께 사서라고 부르기 시작하였다. 주희는 기존에 전해오던 『대학』의 본문에 착간錯簡; 簡編이 뒤섞임과 오탈誤脫이 있다고 하여, 『대학』의 체재와 내용에 대해 대대적인 개편 작업을 벌여 『대학장구大學章句』를 만들었는데, 이것이 지금 전해지고 있는 『대학』의 기본 체재가 되었다.

송대 이후 사서는 유학의 기본적인 경전으로서의 위치를 차지하게 되었는데, 원대元代에 주희의 '사서집주四書集註'가 과거科擧 시험의 기본 텍스트로 지정되면서 사서는 더욱 확고한 지위를 차지하게 되었다. 이 사서를 읽는 순서로는 일반적으로 '『대학』→『논어』→『맹자』→『중용』'을 정당하게 생각하였다. 그 이유에 대하여 율곡 이이栗谷 李珥는 『격몽요결擊蒙要訣』, 「독서장讀書章」에서 "먼저 『대학』을 통해 학문의 규모를 정하고 학문하는 목표를 정립하며, 다음으로 『논어』를 배움으로써 학문하는 근본을 세우고, 『맹자』를 읽음으로써 학문의 발전과 의리義理를 분별하는 법을 배우고, 『중용』을 통해서 우주의 원리를 터득하게 하고자 한다."라고 설명하였다.

☕ 『대학』의 내용

주희는 『대학』의 내용을 경1장과 전10장으로 구성하였는데, 경1장은 『대학』의 기본 사상인 '삼강령三綱領'과 '팔조목八條目'에 대해 서술한 것이고, 전10장은 '삼강령 팔조목'에 대한 세부적인 내용을 부연敷衍한 것이다. 주희는 특히이 중에서 '격물치지格物致知'와 관련된 전5장의 부분에 대해 원문이 망실亡失된 것으로 단정하고, 그 내용을 스스로 지어 보충하기까지 하였다. 없어진 것을 보충했다는 의미로 이를 「보망장補亡章」이라고 일컫는다. 이 「보망장」은 모두 134글자로 구성된 짧은 문장이기는 하지만 주희의 사상과 학문이 온축되어 있는 문장으로, 주자학朱子學을 연구하는 데 매우 중요한 자료라 할 수 있다.

이처럼 『대학』의 내용은 '삼강령 팔조목'이 중심이 되는데, 삼강령은 모든 이론의 으뜸이 되는 세 가지의 큰 줄거리라는 뜻으로, 명명덕明明德·신민新民; 본래 『예기』 속의 「대학」 편에는 親民이라고 되어 있으나, 정이와 주희는 이를 新民으로 해석하였다·지어지선止於至善을 말한다. 팔조목은 격물格物·치지致知·성의誠意·정심正心·수신修身·제가齊家·치국治國·평천하平天下로, 삼강령의 구체적인 실천조목이 된다.

삼강령은 '명명덕'이라는 대자적對自的인 수양과 '신민친민'이라는 대타적對他的인 윤리가 결합되어 '지어지선'이라는 절대선絶對善 또는 절대 진리의 경지에 도달해야 한다는 내용으로, 나에게서 너에게로 확대되어 가는 우리라는 공동체 내에서의 윤리를 제시한 것이다. 팔조목은 삼강령에서 추구하는 '지어지선'의 경지에 도달하기 위한 진리 추구의 실천 조목으로, 주로 '명명덕'과 '신민친민'에 관한 구체적인 내용이다. 이 팔조목은 개인의 학문적 수양에서부터 나라를 다스리는 법에 이르기까지 모두를 포괄하고 있으며, 유학의 학문론과 정치론이 결합된 구조로 이루어져 있다.

결론적으로 『대학』은 유학의 학문 목적과 정무政務의 근본을 서술한 경전이다. 또한 유교적 실천철학의 방법론을 제시한 것으로, 덕치주의德治主義에 대한 개론서라 할 수 있다. 중국 근대의 정치가인 쑨원孫文은 「삼민주의三民主義」에서 "중국에는 외국의 대정치가들도 꿰뚫어 보지 못하고 설명하지 못한 가장 체계적인 정치철학이 있다."고 하면서 그것이 바로 『대학』의 정치철학임을 역설한 바 있다.

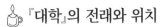# 『대학』의 전래와 위치

　우리나라에서 『대학』은 애초에 『예기』의 한 편으로 전래되었다고 생각된다. 각종 문헌을 통해 보면, 『예기』는 삼국시대 최고 교육기관이었던 고구려의 '태학太學'과 신라의 '국학國學'에서 중요한 교과목의 하나였다. 『고려사高麗史』에는 주희의 『대학장구』가 고려高麗 공민왕恭愍王 19년1370 명明나라에서 육경六經·『통감通鑑』과 함께 우리나라에 처음 반입되었다고 기록되어 있다.

　조선시대에는 주자학朱子學이 관학官學으로 자리 잡으면서 주희의 『대학장구』가 기본적인 교재로 강조되었고, 이에 대한 주석서 및 비판서들이 간행되기도 하였다. 대표적인 것으로는 회재 이언적晦齋 李彦迪, 1491~1553의 『대학장구보유大學章句補遺』와 백호 윤휴白湖 尹鑴, 1617~1680의 『대학고본별록大學古本別錄』, 그리고 다산 정약용茶山 丁若鏞, 1762~1836의 『대학공의大學公議』 등이 있다. 이에서 『대학』이 우리의 학문·사상·정치 등에 많은 영향을 끼쳤음을 알 수 있다.

★ 참고도서: 『유교대사전』, 『한국민족문화대백과사전』

일러두기

★ 이 책은 주희가 체재를 개편한 『대학장구대전大學章句大全』서울; 성
균관대학교 대동문화연구원 영인본을 기본 판본으로 번역하였다.

★ 번역은 원문을 글자 그대로 해석하기보다는, 의미를 이해할 수 있
도록 가급적 우리말로 풀어서 옮겼다. 아울러 독자들이 참고로
할 수 있도록 번역문과 함께 원문을 병기하고, 간단한 용어 풀이
와 장별 해설을 덧붙였다.

★ 주희의 「대학장구서大學章句序」를 같이 번역하였으며, 주희의 『대
학장구』와 본래 『예기』 속의 「대학」 편일명 『고본대학古本大學』의 체
재와 내용을 비교하기 위하여 『고본대학』을 부록으로 실었다.

★ 『고본대학』은 '십삼경주소十三經注疏'에 실린 『예기주소禮記註疏』의
한漢 정현鄭玄, 127~200의 주注와 당唐 공영달孔穎達, 574~648의 소
疏를 근거로 해석하였으며, 『대학장구』와 크게 차이 나는 풀이 이
외의 자세한 용어 풀이와 해설은 생략하였다.

大學章句

大學章句序

대학장구서

『대학大學』이라는 책은 옛날 태학太學에서 사람을 가르치던 법이었다. 하늘이 사람을 내려주면서부터 이미 인의예지仁義禮智의 본성本性을 부여하지 않음이 없었지만 그 기질氣質을 받은 것이 간혹 모두가 똑같지는 못하다. 이 때문에 모든 사람이 그 본성을 소유하고 있음을 알아서 온전하게 간직하지 못하는 것이다.

大學之書는 古之大學에 所以敎人之法也라 蓋自天降生民으로 則旣莫不與之以仁義禮智之性矣언마는 然이나 其氣質之稟이 或 不能齊라 是以로 不能皆有以知其性之所有而全之也니라

대학지서는 고지태학에 소이교인지법야라 개자천강생민으로 즉기막불여
지이인의예지지성의언마는 연이나 기기질지품이 혹불능제라 시이로 불능
개유이지기성지소유이전지야니라

* **古之大學**　여기서 대학大學은 고대 중국의 최고 교육기관인 '태학太學'
　　　　　　을 의미한다.
* **生民**　　　백성을 뜻한다.
* **氣質**　　　타고난 본연지성本然之性과는 달리 혈기血氣 등에 의해 후천
　　　　　　적으로 생기는 성질인 기질지성氣質之性을 말한다.

　　그러한 사람 중에서 한 사람이라도 총명聰明하고 밝은
지혜智慧가 있어서 그 타고난 본성을 다하는 자가 나오게
되면, 하늘이 반드시 그에게 명命하여 만백성의 군사君師로
삼아서, 백성을 다스리고 가르치게 하여 타고난 본성을 회
복하게 하였다. 이것이 복희伏羲·신농神農·황제黃帝·요堯·순
舜이 하늘의 뜻을 이어서 인간사회의 법칙을 세우게 되었
던 까닭이며, 사도司徒의 직책과 전악典樂의 벼슬이 설치된
이유다.

一有聰明睿智하야 能盡其性者가 出於其間이면 則天必命之하사
以爲億兆之君師하여 使之治而敎之하여 以復其性케 하시니 此는
伏羲神農黃帝堯舜이 所以繼天立極이요 而司徒之職과 典樂之
官을 所由設也니라

일유총명예지하야 능진기성자가 출어기간이면 즉천필명지하사 이위억조
지군사하여 사지치이교지하여 이복기성케 하시니 차는 복희신농황제요순
이 소이계천입극이요 이사도지직과 전악지관을 소유설야니라

★ **聰明** 총총聰은 귀가 밝은 것을 뜻하고, 명明은 눈이 밝은 것을 뜻한다. 즉, 보고 듣는 것이 명확한 사람을 의미한다.

★ **君師** 고대의 지도자는 정치와 교육을 함께 책임졌기 때문에 군사君師라고 표현하였다.

★ **伏羲** 중국 고대의 전설적인 임금으로, 처음으로 고기잡이·사냥·목축 등을 가르치고 팔괘八卦와 문자를 만들었다고 전한다.

★ **神農** 중국 고대의 전설적인 임금으로, 농사짓는 법을 가르쳤다고 전한다.

★ **黃帝** 중국 고대의 임금으로, 도량형·역법曆法·음악 등의 문물제도를 확립하였다고 전한다. 복희·신농과 함께 삼황三皇이라고 일컫기도 한다.

★ **堯** 중국 고대의 성왕聖王으로, 덕으로써 백성을 교화시켜 '무위지치無爲之治'를 이룩했다고 전한다. 시호諡號는 도당씨陶唐氏이고, 왕위를 순舜에게 선위禪位하였다. 유가의 이상사회를 말할 때, 일반적으로 순과 함께 요순시대라고 일컫는다.

★ **舜** 중국 고대의 성왕이며, 요의 뒤를 이어 왕위를 계승하여 각종 문물제도를 완성했다고 한다. 지극한 효자였다고 전해지며, 시호는 유우씨有虞氏이다.

★ **極** 인간사회의 기준 또는 법칙이라는 의미다.

★ **司徒** 중국 주周나라 때 백성들의 교화와 인륜의 문제를 관장하던 벼슬이다.

★ **典樂** 왕족이나 귀족의 맏아들을 교육하는 벼슬이다.

삼대三代의 융성한 시기에 그 법도가 점차 갖추어졌으니, 그런 연후에 왕궁王宮이 있는 도읍都邑에서부터 시골 마을에 이르기까지 학교가 없는 곳이 없었다. 사람이 태어나

여덟 살이 되면 왕王과 공公 이하부터 서인庶人의 자제에 이르기까지 모두 소학小學에 입학시켜, 그들에게 물 뿌리고 마당 쓸며 응應하고 대답對答하며 나아가고 물러가는 예절과 예禮·악樂·사射·어御·서書·수數의 글을 가르쳤다. 15세가 되면 천자天子의 원자元子와 중자衆子로부터 공公·경卿·대부大夫·원사元士의 맏아들과 여러 백성 가운데 준수俊秀한 자에 이르기까지 모두 태학太學에 입학시켜, 이치를 연구하고 마음을 바르게 하며 자신을 수양修養하고 사람들을 다스리는 방법을 가르쳤으니, 이것이 또한 학교교육의 크고 작은 절목節目이 나뉘게 된 이유다.

三代之隆에 其法이 寢備하니 然後에 王宮國都로 以及閭巷히 莫不有學하여 人生八歲어든 則自王公以下로 至於庶人之子弟히 皆入小學하여 而敎之以灑掃應對進退之節과 禮樂射御書數之文하고 及其十有五年이어든 則自天子之元子衆子로 以至公卿大夫元士之適子와 與凡民之俊秀히 皆入大學하여 而敎之以窮理正心修己治人之道하니 此又學校之敎에 大小之節이 所以分也니라

삼대지융에 기법이 침비하니 연후에 왕궁국도로 이급여항히 막불유학하여 인생팔세어든 즉자왕공이하로 지어서인지자제히 개입소학하여 이교지이쇄소응대진퇴지절과 예악사어서수지문하고 급기십유오년이어든 즉자천자지원자중자로 이지공경대부원사지적자와 여범민지준수히 개입태학하여 이교지이궁리정심수기치인지도하니 차우학교지교에 대소지절이 소이분야니라

★ 三代 중국 고대의 하夏·상商;殷·주周 세 나라를 통칭하는 말이다. 전통적으로 전형적인 태평성대太平聖代의 시대로 생각하였다.

★ **禮樂射御書數** 중국 고대 경대부卿大夫 이상의 자제가 배웠던 6종
의 교양과목이다. 『주례周禮』, 「지관地官」에는 "대사도大司徒가
육례六藝인 예·악·사·어·서·수를 가르쳤다."는 기록이 보인다.
이는 각각 예용禮容·주악奏樂·궁사弓射·마술馬術·서사書寫·산수算
數를 의미한다. 『사기史記』, 「공자세가孔子世家」에 의하면 공자孔子
의 제자 3천여 명 중 육례에 통달한 사람이 72명이었다고 한다.

★ **公** 제후諸侯의 지위를 뜻한다.

★ **卿** 정승의 반열을 뜻한다.

★ **大夫** 고급 관리를 일컫는 말이다.

★ **元士** 높은 덕망이나 지위를 지닌 선비를 말한다.

★ **適子** 적자嫡子와 같은 뜻인데, 맏아들을 말한다.

★ **凡民** 관리가 아닌 일반 백성을 말한다.

　　대체로 학교를 설치함에 그 규모가 이처럼 광범위하였
고, 가르치는 방법에서의 차례次例와 절목節目 또한 이처럼
상세하였다. 그 가르침을 행하는 원리는 또한 모두가 임금
이 몸소 행하고 마음으로 얻은 나머지에 근본을 둔 것으
로, 백성들의 일상생활에 필요한 떳떳한 윤리의 이외에서
찾지 않았다.

夫以學校之設에 其廣이 如此하고 教之之術에 其次第節目之詳이
又如此로되 而其所以爲教는 則又皆本之人君躬行心得之餘요
不待求之民生日用彝倫之外니라

> 부이학교지설에 기광이 여차하고 교지지술에 기차제절목지상이 우여차로
> 되 이기소이위교는 즉우개본지인군궁행심득지여요 부대구지민생일용이륜
> 지외니라

이로써 당시의 사람들이 배우지 않음이 없었고, 배운 사람들은 그 타고난 본성의 고유함과 직분職分에 따라 마땅히 해야 할 것을 알아서, 각기 노력하여 그 힘을 다하지 않음이 없었다. 이는 옛날 융성隆盛했던 시기에 다스림이 위에서 극진하고 풍속風俗이 아래에서 아름다울 수 있었던 이유로, 이는 후세에 능히 미칠 수 있는 바가 아니었다.

是以로 當世之人이 無不學하고 其學焉者는 無不有以知其性分之所固有와 職分之所當爲하여 而各俛焉하여 以盡其力하니 此는 古昔盛時에 所以治隆於上하고 俗美於下하여 而非後世之所能及也니라

시이로 당세지인이 무불학하고 기학언자는 무불유이지기성분지소고유와 직분지소당위하여 이각면언하여 이진기력하니 차는 고석성시에 소이치륭어상하고 속미어하하여 이비후세지소능급야니라

주周나라가 쇠퇴하면서 어질고 성스러운 임금이 나오지 않고 학교의 행정도 닦이지 못하여, 교화敎化가 침체하고 풍속이 무너지게 되었다. 이때 공자孔子와 같은 성인聖人이 있었으나, 군사君師의 지위를 얻어 정치와 교육을 시행하지는 못하였다.

及周之衰하여 賢聖之君이 不作하고 學校之政이 不修하여 教化陵
夷하고 風俗頹敗하니 時則有若孔子之聖이로되 而不得君師之位하
여 以行其政教니라

급주지쇠하여 현성지군이 부작하고 학교지정이 불수하여 교화능이하고 풍
속퇴패하니 시즉유약공자지성이로되 이부득군사지위하여 이행기정교니라

★ **陵夷**　언덕이 평지가 되듯이 점차 침체하여 무너져 내림을 뜻한다.

★ **頹敗**　퇴폐頹廢와 같은 말이다.

　이에 홀로 선왕先王의 법을 취하여 암송하고 전하여 후
세後世를 가르쳐주었으니, 저 「곡례曲禮」·「소의少儀」·「내칙內
則」·「제자직弟子職」과 같은 여러 편은 진실로 소학小學 공부
의 지류支流와 말단이 되고, 이 책은 소학 공부를 성취함에
기인하여 대학大學의 밝은 법도를 드러낸 것이니, 외적으로
는 큰 규모를 남기지 않고 내적으로도 상세한 절목을 다
포함하고 있다.

於是에 獨取先王之法하여 誦而傳之하여 而詔後世하시니 若曲禮
少儀內則弟子職諸篇은 固小學之支流餘裔요 而此篇者는 則因
小學之成功하여 以著大學之明法하니 外有以極其規模之大하고
而內有以盡其節目之詳者也니라

어시에 독취선왕지법하여 송이전지하여 이조후세하시니 약곡례소의내칙
제자직제편은 고소학지지류여예요 이차편자는 즉인소학지성공하여 이저
대학지명법하니 외유이극기규모지대하고 이내유이진기절목지상자야니라

★ **曲禮·少儀·內則**　『예기』의 편명이다.

★ **弟子職**　『관자管子』의 편명이다.

* **支流**　강의 지류를 말한다.

* **餘裔**　옷 끝의 옷자락이라는 뜻으로, 말류末流·말단末端과 같은 뜻
　　　　이다.

　　3천여 명의 제자들이 공자의 학설을 듣지 못한 이가 없
었지만, 증자曾子가 전한 내용이 유독 종지宗旨를 얻었다. 이
에 전傳의 내용을 지어 그 의미를 밝혔으나 맹자孟子가 죽
은 뒤에는 그 전함이 끊기게 되었으니, 그 책은 비록 남아
있었으나 의미를 아는 자는 드물었다.

三千之徒가 蓋莫不聞其說이언마는 而曾氏之傳이 獨得其宗일새
於是에 作爲傳義하여 以發其意러시니 及孟子沒而其傳泯焉하니
則其書雖存이나 而知者鮮矣니라

　삼천지도가 개막불문기설이언마는 이증씨지전이 독득기종일새 어시에 작
　위전의하여 이발기의러시니 급맹자몰이기전민언하니 즉기서수존이나 이
　지자선의니라

* **曾氏**　공자의 제자인 증자曾子를 말한다. 이름은 삼參이다.

* **宗**　일의 근원이나 근본을 뜻한다. 종지宗旨, 즉 근본이 되는 취지를
　　　　의미한다.

* **傳**　성경현전聖經賢傳이라 하여 성인聖人의 문장은 경經이라 하고 현
　　　　인賢人의 문장은 전傳이라 하는데, 주희朱熹는 『대학』을 경
　　　　1장과 전10장의 체재로 재구성하여, 경1장은 공자의 뜻이고 전
　　　　10장은 그 제자인 증자가 경1장의 내용을 부연한 것으로 이해
　　　　하였다. 이에 여기서의 전의傳義란 전10장의 내용을 의미한다.

이후로부터는 세속에 물든 선비들의 기억하고 외우며 글을 짓는 학습은 그 공이 소학小學 공부의 배倍가 되었으나 쓸모가 없었고, 이단異端의 허무虛無와 적멸寂滅의 가르침은 그 고상함이 대학大學보다 더 높았으나 실질實質이 없었다. 그리고 기타 권모술수權謀術數로 모든 공명功名을 취하고자 하는 학설과 여러 기예를 지닌 제자백가諸子百家 부류의 무리가 세상을 현혹眩惑시키고 백성을 속여서 인의仁義를 막으려는 자들 또한 어지럽게 그 가운데에서 섞여 나와서, 군자君子들에게는 불행하게도 대도大道의 요체要諦를 들을 수 없게 하였고, 소인小人들에게는 불행히도 지극한 정치의 혜택을 얻어 입을 수 없게 하여, 어두워져 꽉 막히는 것이 반복되어 병이 깊어지다가 오대五代의 쇠퇴기에 이르러서는 무너지고 혼란함이 극도에 이르게 되었다.

自是以來로 俗儒記誦詞章之習이 其功이 倍於小學이나 而無用하고 異端虛無寂滅之敎가 其高는 過於大學이나 而無實하고 其他權謀術數로 一切以就功名之說과 與夫百家衆技之流의 所以惑世誣民하여 充塞仁義者가 又紛然雜出乎其間하여 使其君子로 不幸而不得聞大道之要하고 其小人으로 不幸而不得蒙至治之澤하여 晦盲否塞하고 反覆沈痼하여 以及五季之衰하여는 而壞亂이 極矣니라

자시이래로 속유기송사장지습이 기공이 배어소학이나 이무용하고 이단허무적멸지교가 기고는 과어대학이나 이무실하고 기타권모술수로 일체이취공명지설과 여부백가중기지류의 소이혹세무민하여 충색인의자가 우분연잡출호기간하여 사기군자로 불행이부득문대도지요하고 기소인으로 불행이부득몽지치지택하여 회맹비색하고 반복침고하여 이급오계지쇠하여는 이괴란이 극의니라

★ 詞章	시詩나 문장文章을 짓는 것. 특히 중국의 당唐나라 때에 융성하였다.
★ 虛無	무위無爲를 강조하였던 노자老子와 장자莊子 등 도가道家의 허무주의虛無主義와 위魏·진晉·남북조南北朝 시대에 유행했던 현학玄學을 지칭한다.
★ 寂滅	불교에서 번뇌煩惱의 경지를 떠남을 의미하는 용어로, 열반涅槃의 뜻도 지니고 있다. 여기서는 수隋·당唐 시대에 발흥한 불교를 지칭한다.
★ 權謀術數	목적 달성을 위하여 수단과 방법을 가리지 아니하는 온갖 모략이나 술책을 말한다.
★ 晦盲否塞	그믐 회. 소경 맹. 막힐 비. 막힐 색. 달이 없는 그믐밤에 눈 먼 장님과 같이 어두워서 꽉 막혀 있음을 뜻한다.
★ 反覆沈痼	반복反覆은 반복反復과 같으며, 침고沈痼는 오래도록 낫지 않는 고질병을 말한다. 즉, 반복하여 점점 병이 깊어져 고질이 됨을 뜻한다.
★ 五季	당唐나라가 멸망하고 송宋나라 건국 이전까지 있었던 오대십국五代十國 시대907~979를 가리킨다. 오대는 후량後梁·후당後唐·후진後晉·후한後漢·후주後周의 다섯 나라를 말한다.

하늘의 운수는 순환循環하여 흘러가면 돌아오지 않음이 없으니, 송宋나라의 덕德이 융성하여 정치와 교육이 아름답고 밝았다. 이에 하남 정씨河南 程氏 두 선생이 나와서 맹자가 전한 바를 접하여 실제로 처음으로 이 책을 높이고 믿어서 드러내었고, 또한 이를 위하여 그 간편簡編의 차례를 바로잡아 근본 취지를 밝혔다. 이렇게 한 이후에 옛날 태학太學에서

사람을 가르치던 법과 성인聖人의 경經과 현인賢人의 전傳의
의미가 찬란하게 다시 세상에 밝혀지게 되었으니, 비록 내가
부족하나 다행히도 사숙私淑하여 참여해서 들을 수 있었다.

天運이 循環하여 無往不復일새 宋德이 隆盛하여 治敎가 休明하시니
於是에 河南程氏兩夫子가 出하사 而有以接乎孟氏之傳하고 實始
尊信此篇하여 而表章之하시고 旣又爲之次其簡編하여 發其歸趣
하시니 然後에 古者大學敎人之法과 聖經賢傳之指가 粲然復明
於世하니 雖以熹之不敏으로도 亦幸私淑而與有聞焉이라

> 천운이 순환하여 무왕불복일새 송덕이 융성하여 치교가 휴명하시니 어시
> 에 하남정씨양부자가 출하사 이유이접호맹씨지전하고 실시존신차편하여
> 이표장지하시고 기우위지차기간편하여 발기귀취하시니 연후에 고자대학
> 교인지법과 성경현전지지가 찬연부명어세하니 수이희지불민으로도 역행
> 사숙이여유문언이라

★ **河南程氏兩夫子**   북송北宋 때의 학자인 정호程顥, 호는 明道, 1032~1085
와 정이程頤, 호는 伊川, 1033~1107 형제를 말한다.

★ **孟氏**   맹자孟子를 말한다.

★ **表章**   표창表彰과 같다.

★ **簡編**   종이가 발명되기 전에 가느다란 대쪽에 글을 써서 이를 엮어서
책을 만들었는데, 그 대쪽을 말한다.

★ **歸趣**   귀추歸趨와 같은 말로, 귀착되는 취지 혹은 근본 취지를 뜻한다.

★ **私淑**   직접 가르침을 받지는 않았으나, 마음속으로 그 사람을 본받아
서 도나 학문을 닦는 것을 말한다.

그 책을 돌아보니 오히려 잘못된 점이 많았다. 이 때문에 나의 고루固陋함을 잊고 여러 학설을 뽑아 모으고, 그 사이에 또 나의 의견을 조심스럽게 붙여 빠지거나 생략된 것을 보충하고, 뒷날 군자들의 평가를 기다린다. 이것이 참람하고 분수에 넘쳐 죄를 면할 수 없음을 잘 알고 있으나, 국가에서 백성을 교화하고 풍속을 이루려는 뜻과 학자들이 몸을 닦고 사람을 다스리는 방법에 조그마한 도움이 전혀 없지는 않을 것으로 생각한다.

顧其爲書가 猶頗放失일새 是以로 忘其固陋하고 采而輯之하며 亦竊附己意하여 補其闕略하고 以俟後之君子하노니 極知僭踰하여 無所逃罪나 然이나 於國家化民成俗之意와 學者修己治人之方엔 則未必無小補云이니라

고기위서가 유파방실일새 시이로 망기고루하고 채이집지하며 역절부기의하여 보기궐략하고 이사후지군자하노니 극지참유하여 무소도죄나 연이나 어국가화민성속지의와 학자수기치인지방엔 즉미필무소보운이니라

순희淳熙 기유년己酉年, 1189 2월 갑자일甲子日에 신안 주희新安朱熹가 서문을 짓는다:

淳熙己酉二月甲子에 新安朱熹는 序하노라

순희기유이월갑자에 신안주희는 서하노라

★ 淳熙   중국 남송南宋 효종孝宗의 연호年號이다.

經一章
三綱領과 八條目
삼강령과 팔조목

정자程子가 말하였다. "『대학』은 공자孔子가 남긴 글이니, 처음 배우는 자가 덕德으로 들어가는 입문서入門書이다. 오늘날 옛사람들이 학문을 하였던 차례는 유독 이 편이 남아 있음에 유래하니, 『논어論語』와 『맹자孟子』가 다음 차례가 됨을 알 수 있다. 배우는 자가 반드시 이러한 차례를 따라서 배운다면 거의 어긋남이 없을 것이다."

子程子曰 大學은 孔氏之遺書니 而初學入德之門也라 於今에 可見古人爲學次第者는 獨賴此篇之存이요 而論孟次之하니 學者가 必由是而學焉이면 則庶乎其不差矣라

★ **程子** 여기서 정자는 정호程顥와 정이程頤 형제 중 일반적으로 동
생인 정이를 말하는 것으로 본다.

∽§☙

『대학』의 도道는 밝은 덕을 밝히는 데 있으며, 백성을 새롭
게 하는 데 있으며, 지극한 선善의 경지에 머무르는 데 있다.

大學之道는 在明明德하며 在親[新]民하며 在止於至善이니라

| 대학지도는 재명명덕하며 재친[신]민하며 재지어지선이니라

★ **明德** 명덕明德이란 사람이 타고난 선善한 본성을 의미한다.
★ **親民** 주희는 정자程子; 程頤가 "친親은 마땅히 신新이 되어야 한다."라
고 한 견해를 따라서, 친민親民을 신민新民; 백성들의 옛 잘못을 고쳐 새
롭게 하는 것으로 풀이하였다. 이에 따라 이 책에서도 주희의 해석
에 따라 신민新民의 의미로 해석하였다.
★ **至善** 사리의 당연한 표준이 되는 것으로, 절대선 또는 절대진리를 뜻
한다.

머무를 바를 안 뒤 뜻에 일정한 방향이 있게 되며, 뜻에
일정한 방향이 있고 난 뒤에 마음이 고요하게 되고, 마음
이 고요한 뒤에 몸이 편안할 수 있으며, 몸이 편안한 뒤에
깊이 생각할 수 있고, 깊이 생각한 뒤에 머물러야 할 지극
한 선의 경지를 얻을 수 있다.

知止而后에 有定이니 定而后에 能靜하며 靜而后에 能安하며 安而后에 能慮하며 慮而后에 能得이니라

지지이후에 유정이니 정이후에 능정하며 정이후에 능안하며 안이후에 능려하며 려이후에 능득이니라

★ **止**　마땅히 그쳐야 할 곳으로, 지선至善을 뜻한다.

★ **定**　뜻에 일정한 방향이 있게 된다.

★ **靜**　마음이 망령되게 움직이지 않는다.

★ **安**　몸이 처한 바가 편안하게 된다.

★ **慮**　일을 정밀하고 상세하게 생각하여 처리한다.

★ **得**　머물러야 할 지선의 경지를 얻게 된다.

　사물에는 근본根本과 말단末端이 있고 일에는 시작과 끝이 있으니, 먼저 할 것과 나중에 할 것을 안다면 도道에 가까울 것이다.

物有本末하고 事有終始하니 知所先後면 則近道矣리라

물유본말하고 사유종시하니 지소선후면 즉근도의리라

★ **本末**　근본根本과 말단末端. 명명덕明明德과 신민新民에서 명명덕이 근본이고, 신민이 말단이라는 뜻이다.

★ **終始**　마침과 시작. 바로 윗문장에서 머무를 곳을 아는 것이 먼저 시작해야 하는 일이고, 머무를 바를 얻는 것이 끝이라는 뜻이다.

★ **先後**　먼저 할 것과 나중에 할 것. 근본과 시작이 먼저 해야 할 일이요, 말단과 끝은 나중에 해야 할 일이라는 뜻이다.

옛날에 밝은 덕德을 온 세상에 밝히고자 했던 사람은 먼저 그 나라를 다스렸고, 그 나라를 다스리고자 했던 사람은 먼저 그 집안을 가지런히 하였고, 그 집안을 가지런히 하고자 했던 사람은 먼저 그 몸을 닦았고, 그 몸을 닦고자 했던 사람은 먼저 그 마음을 바르게 했고, 그 마음을 바르게 하고자 했던 사람은 먼저 그 뜻을 성실誠實하게 했고, 그 뜻을 성실하게 하고자 했던 사람은 먼저 그 앎을 극진하게 하였으니, 앎을 극진하게 하는 것은 사물에 나아가 그 사물의 이치를 탐구探究하는 데 있다.

古之欲明明德於天下者는 先治其國하고 欲治其國者는 先齊其家하고 欲齊其家者는 先修其身하고 欲修其身者는 先正其心하고 欲正其心者는 先誠其意하고 欲誠其意者는 先致其知하니 致知는 在格物하니라

> 고지욕명명덕어천하자는 선치기국하고 욕치기국자는 선제기가하고 욕제기가자는 선수기신하고 욕수기신자는 선정기심하고 욕정기심자는 선성기의하고 욕성기의자는 선치기지하니 치지는 재격물하니라

* **致知**   나의 지식을 미루어 극진하게 하여 앎을 투철하게 하는 것.

* **格物**   주희는 격格을 '이르다[至]'로 물物을 '일[事]'로 해석하여, "사물에 이르러 사물의 이치를 탐구하는 것"으로 풀이하였다. 그러나 명明나라 때의 왕수인王守仁, 호는 양명陽明은 주희와는 달리 격格을 '바르다[正]'로 해석하여, "일을 바로잡는 것"으로 풀이했으며, 치지致知에 대해서도 "나의 양지良知를 실천하는 것"으로 풀이하여, 주희와 견해를 달리하였다. 이 '격물치지格物致知'는 유가 철학의 인식론認識論에서 매우 중요한 명제다.

사물에 나아가 사물의 이치를 탐구한 뒤에 앎이 지극해지고, 앎이 지극해진 뒤에 뜻이 성실해지고, 뜻이 성실해진 뒤에 마음이 바르게 되고, 마음이 바르게 된 뒤에 몸이 닦이고, 몸이 닦인 뒤에 집안이 가지런해지고, 집안이 가지런해진 뒤에 나라가 다스려지고, 나라가 다스려진 뒤에 온 천하가 평안해진다.

物格而后에 知至하고 知至而后에 意誠하고 意誠而后에 心正하고 心正而后에 身修하고 身修而后에 家齊하고 家齊而后에 國治하고 國治而后에 天下平이니라

> 물격이후에 지지하고 지지이후에 의성하고 의성이후에 심정하고 심정이후에 신수하고 신수이후에 가제하고 가제이후에 국치하고 국치이후에 천하평이니라

★ **物格** 사물 이치의 지극한 곳에 이르지 않음이 없는 것.

★ **知至** 내 마음의 아는 바가 극진하지 않음이 없는 것.

★ 이 문장은 팔조목八條目을 공부의 효과가 나타나는 과정의 차례로 묘사한 것이다.

천자天子로부터 서인庶人에 이르기까지 모두가 다 수신修身을 근본으로 삼는다.

自天子로 以至於庶人히 壹是皆以修身爲本이니라

> 자천자로 이지어서인히 일시개이수신위본이니라

★ **壹是** 일체一切와 같은 뜻으로, '모두' 또는 '한결같이'라는 의미다.

근본이 어지러운데 끝이 다스려지는 경우는 없으며, 두 텁게 해야 할 것에 엷게 하고, 엷게 해야 할 것에 두텁게 하는 사람은 있지 않다.

其本亂而末治者는 否矣며 其所厚者에 薄이오 而其所薄者에 厚는 未之有也니라

> 기본난이말치자는 부의며 기소후자에 박이요 이기소박자에 후는 미지유 야니라

★ **未之有也** 이러한 사람은 지금까지 있지 않았고, 있어서도 안 된다는 강조의 표현이다.

위는 경經1장이다. 공자孔子의 말씀을 증자曾子가 기술記述한 것 이고, 뒤의 전傳10장은 증자의 뜻을 문인門人이 기록한 것이다. 옛 책에 자못 착간錯簡; 뒤섞임이 있으므로 지금 정자程子가 정리 한 바를 따르고 다시 경문經文을 고찰하여 별도로 차례를 다음 과 같이 만들었다.

右는 經一章이니 蓋孔子之言을 而曾子가 述之오 其傳十章은 則 曾子之意를 而門人이 記之也라 舊本에 頗有錯簡일새 今因程子 所定하고 而更考經文하여 別爲序次를 如左하니라

> 우는 경일장이니 개공자지언을 이증자가 술지요 기전십장은 즉증자지 의를 이문인이 기지야라 구본에 파유착간일새 금인정자소정하고 이갱 고경문하여 별위서차를 여좌하니라

☕ 내용 해설

『대학』의 요지가 되는 경1장이다.

전반부 세 절은 삼강령三綱領에 대한 내용이다.

제1절에서는 대학에서 추구하는 학문의 목표를 명명덕明明德·신민新民·지어지선止於至善의 삼강령으로 제시하였다.

제2절에서는 삼강령에서 궁극의 경지인 '지어지선止於至善'에 도달하는 과정을 제시하였다. 그 과정은 '학문의 목표에 대한 명확한 인식 → 뜻의지의 확립 → 마음의 안정 → 몸의 안정 → 깊은 사려 → 목표의 획득'이라는 순서에 의해야 한다는 것이다.

제3절은 모든 일에는 먼저 하고 나중에 해야 할 차례가 있으므로, 앞절에서 말한 순서에 의거해야 지선至善이라는 궁극의 경지에 도달하는 방도를 찾게 된다는 뜻이다. 다시 말해서 삼강령 중 명명덕明明德이 신민新民보다 더 근본이 된다는 것이다.

후반부 네 절은 삼강령을 현실에 구현하기 위한 구체적인 실천 조목을 제시한 내용이다.

제4절에서는 귀납적歸納的인 방법을 통하여 자신이 타고난 밝은 덕성德性을 온 천하에 밝히는 도리를 근원으로 소급해 들어가면서, 격물格物·치지致知·성의誠意·정심正心·수신

修身·제가齊家·치국治國·평천하平天下라는 여덟 가지 조목을 제시하였다.

제5절에서는 제4절과는 반대로, 팔조목八條目을 다시 근원에서부터 연역적演繹的으로 풀어서 설명하였다.

제6절에서는 팔조목 중에서 가장 중심이 되는 것은 자신의 몸가짐을 바르게 하는 '수신修身'임을 강조하였다.

마지막 제7절은 근본이 바르게 되어야 그에 따른 결과도 올바르게 나온다는 점을 말함으로써, 반어적反語的인 표현을 통해 '명명덕'과 '수신'이 기본이 되어야 함을 강조하면서 경1장을 맺고 있다.

傳一章
明明德
명명덕

「강고康誥」에서는 "능히 덕을 밝혔다."고 하였고,

康誥에 曰 克明德이라 하고

| 강고에 왈 극명덕이라 하고

★ **康誥**　『서경書經』, 「주서周書」에 나오는 편명이다.

★ **克**　능할 극. 능할 능能과 같은 뜻으로 쓰였다.

★ **明德**　여기서 명明은 동사로 쓰여, 명덕明德은 '밝은 덕'이 아니라 '덕을
　밝혔다'로 해석한다.

「태갑太甲」에서는 "이 하늘의 밝은 명命을 돌아보았다."고 하였고,

太甲에 曰 顧諟天之明命이라 하고

| 태갑에 왈 고시천지명명이라 하고

★ 太甲　『서경』, 「상서商書」에 나오는 편명이다.

★ 諟　이 시. 시是·차此와 같은 뜻이다.

「제전帝典」에서는 "능히 큰 덕을 밝혔다."고 하였으니,

帝典에 曰 克明峻德이라 하니

| 제전에 왈 극명준덕이라 하니

★ 帝典　『서경』, 「우서虞書」에 나오는 「요전堯典」편을 말한다.

모두가 스스로 밝힌다는 것이다.

皆自明也니라

| 개자명야니라

위는 전문傳文의 첫 장으로, 명명덕明明德을 풀이한 것이다.

右는 傳之首章이니 釋明明德하니라

| 우는 전지수장이니 석명명덕하니라

☕ 내용 해설

이 장에서는 『서경』을 인용하여, '밝은 덕을 밝힌다[明明德]'는 말의 유래와 근거를 밝혔다.

「강고康誥」는 주周나라 무왕武王이 아우인 강숙康叔을 위후衛侯로 봉封한 뒤 강숙에게 고한 글인데, 여기서 인용한 내용은 그 아버지인 문왕文王이 주나라를 건국할 때 덕을 밝혔다는 말이다.

'태갑太甲'은 상商나라 탕湯임금을 이어 왕위에 오른 인물인데, 여기서 인용한 내용은 선왕先王인 탕임금이 정치를 하면서 하늘의 밝은 명을 돌아보았다는 것을 태갑에게 알려주는 말이다.

「제전帝典」은 『서경』, 「우서虞書」에 나오는 「요전堯典」을 말하는 것이다. 순舜임금이 다스리던 나라를 우虞라 하고, 요堯임금이 다스리던 나라는 당唐이라고 하는데, 『서경』에서는 「우서」 속에 「요전」을 두어 요임금의 일을 기록하였다. 여기서 인용한 내용은 요임금이 능히 큰 덕을 밝혔다는 말이다.

전1장에서는 과거 요임금으로부터 탕왕이나 문왕 등이 모두 스스로 밝은 덕을 밝히는 것으로 천하를 다스리는 기초를 삼았음을 말하여, 자신의 타고난 밝은 덕성을 밝히는 것이 정치를 비롯한 모든 일의 기초가 됨을 밝힌 내용이다.

대학
大學

傳二章
新民

신민

　탕왕湯王의 목욕통에 새긴 경구警句에 말하기를, "진실로 어느 날 새로워졌거든 나날이 새롭게 하고, 또 날로 새롭게 하라."고 하였고,

湯之盤銘에 曰 苟日新이어든 日日新하고 又日新이라 하고
┃ 탕지반명에 왈 구일신이어든 일일신하고 우일신이라 하고

★ 盤　　대야 반. 목욕하는 그릇 또는 세숫대야를 말한다.
★ 銘　　새길 명. 금석金石에 글자를 새겨 스스로 경계하는 말이다.

　「강고」에서는 "새로워지려는 백성을 진작振作시켜라."고 하였고,

康誥에 曰 作新民이라 하고

| 강고에 왈 작신민이라 하고

★ **作**　진작振作시킨다는 뜻이다.

★ **新民**　주희는 『대학장구』 주注에서 '스스로 새로워지려고 힘쓰는 백성
自新之民'이라고 풀이하여, 『서경』 주에서 '이 백성을 진작시켜 새
롭게 한다作新斯民'고 풀이한 것과는 약간 차이가 있다. 여기서
는 주희의 해석을 따랐다.

　『시경詩經』에서는 "주周나라가 비록 오래된 나라이지만
그 천명天命을 받은 것은 오직 새롭다."라 하였으니,

詩曰 周雖舊邦이나 其命維新이라 하니

| 시왈 주수구방이나 기명유신이라 하니

★ 이는 『시경』, 「대아大雅」, 「문왕文王」 편에 나오는 시다.

　그러므로 군자는 그 지극함을 쓰지 않음이 없는 것이다.

是故로 君子는 無所不用其極이니라

| 시고로 군자는 무소불용기극이니라

★ **極**　여기에서의 극은 지극한 선의 경지, 즉 지선至善을 의미한다.

　위는 전傳의 2장으로, 신민新民을 풀이한 것이다.

　右는 傳之二章이니 釋新民하니라

| 우는 전지이장이니 석신민하니라

☕ 내용 해설

이 장에서는 '신민新民'의 의미에 대하여 풀이하고 있다.

제1절에서는 먼저 탕왕湯王이 욕조에 새겨두고 항상 자신의 마음을 경계한 내용을 인용하여, '먼저 자신을 새롭게 해야 한다'는 신민의 근본에 대하여 설명하였다.

제2절에서는 『서경』, 「강고」 편의 내용을 인용하여, '스스로 새로워지려는 백성들을 진작振作시켜 주어야 한다'는 신민의 일에 대하여 설명하였다.

제3절에서는 『시경』을 인용하여, '주나라가 본래는 작은 제후국이었으나 문왕文王에 이르러 새롭게 천명天命을 받아 천하天下를 소유所有할 수 있었다는 것'을 말했는데, 이는 신민의 효과에 대한 설명이다.

마지막 제4절은 앞의 세 가지 내용을 맺은 말로써, 진정한 군자君子라고 한다면 지극한 선善을 실천하는 책임을 다해야 한다는 뜻이며, '스스로 새롭게 하고 백성을 새롭게 하는 것이 모두 지극한 선에 머무르게 하고자 하는 것'이라는 의미다.

대학
大學

傳 三 章
止於至善
지어지선

『시경』에 "나라의 기내畿內 땅 천리千里여! 오직 백성들이
머물러 살 만한 곳이다."라 하였다.

詩云 邦畿千里여 惟民所止라 하니라

| 시운 방기천리여 유민소지라 하니라

★ 『시경』, 「상송商頌」, 「현조玄鳥」 편에 나오는 시다.

★ 畿內   왕이 사는 도읍과 그 근교의 땅을 뜻한다.

★ 止   거居의 뜻으로, 머물러 산다는 뜻이다.

『시경』에 "꾀꼴꾀꼴 우는 저 꾀꼬리, 언덕 모퉁이 울창한 숲속에 머무네!"라 했는데, 공자孔子가 말하기를 "머물러 살 때 그 머물러 살 만한 곳을 알아야 하니, 사람으로서 새보다 못해서야 되겠는가!"라고 하였다.

詩云 緡蠻黃鳥여 止于丘隅라 하거늘 子曰 於止에 知其所止로소니 可以人而不如鳥乎아 하시니라

시운 면만황조여 지우구우라 하거늘 자왈 어지에 지기소지로소니 가이인 이불여조호아 하시니라

★ 『시경』, 「소아小雅」, 「면만緡蠻」 편에 나오는 시다.

★ 緡蠻   새 우는 소리를 뜻한다.

★ 黃鳥   참새목 꾀꼬리과의 새를 말한다.

★ 丘隅   산이 깊고 울창한 곳을 뜻한다.

『시경』에 "깊고 그윽하신 문왕文王이여! 아아, 계속하여 밝히고 공경하여 머무셨다."고 하였으니, 임금이 되어서는 인仁에 머물렀고, 신하가 되어서는 공경함에 머물렀으며, 자식이 되어서는 효도함에 머물렀고, 아버지가 되어서는 자애로움에 머물렀으며, 나라 사람들과 사귈 때는 믿음에 머물렀다.

詩云 穆穆文王이여 於緝熙敬止라 하니 爲人君하얀 止於仁하시고 爲人臣하얀 止於敬하시고 爲人子하얀 止於孝하시고 爲人父하얀 止於慈하시고 與國人交엔 止於信이러시다

> 시운 목목문왕이여 오즙희경지라 하니 위인군하얀 지어인하시고 위인신하얀 지어경하시고 위인자하얀 지어효하시고 위인부하얀 지어자하시고 여국인교엔 지어신이러시다

★『시경』, 「대아大雅」, 「문왕文王」편에 나오는 시다.

★ **穆穆** 깊고 그윽하다는 뜻이다.

★ **於** 감탄사 오.

★ **緝** 계속할 즙. 일반적인 음은 '집'이지만 여기에서는 '즙'으로 발음한다.

　　『시경』에 "저 기수淇水의 벼랑을 바라보니 푸른 대나무가 무성하구나! 문채文彩 나는 군자君子여. 자른 듯하고 갈아낸 듯하며, 쪼아낸 듯하고 갈아낸 듯하구나! 엄밀하며 굳세고 빛나면서 의젓하니, 문채 나는 군자를 끝내 잊을 수가 없도다."라 하였다. '자른 듯하고 갈아낸 듯하다'는 것은 군자의 학문學問을 말하는 것이고, '쪼아낸 듯하고 갈아낸 듯하다'는 것은 스스로 수양함을 말하는 것이며, '엄밀하고 굳세다'는 것은 두려울 만함을 말하는 것이고, '빛나고 의젓하다'는 것은 위엄威嚴 있는 모습을 말하는 것이며, '문채 나는 군자를 끝내 잊을 수가 없다'는 것은 융성한 덕과 지극한 선함을 백성들이 잊지 못한다는 것을 말하는 것이다.

詩云 瞻彼淇澳한대 菉竹猗猗로다 有斐君子여 如切如磋하며 如
琢如磨로다 瑟兮僩兮며 赫兮喧兮니 有斐君子여 終不可諠兮라 하
니 如切如磋者는 道學也요 如琢如磨者는 自修也요 瑟兮僩兮者
는 恂慄也요 赫兮喧兮者는 威儀也요 有斐君子終不可諠兮者는
道盛德至善을 民之不能忘也니라

> 시운 첨피기욱한대 녹죽의의로다 유비군자여 여절여차하며 여탁여마로다
> 슬혜한혜며 혁혜훤혜니 유비군자여 종불가훤혜라 하니 여절여차자는 도학
> 야요 여탁여마자는 자수야요 슬혜한혜자는 준률야요 혁혜훤혜자는 위의
> 야요 유비군자종불가훤혜자는 도성덕지선을 민지불능망야니라

★ 「시경」, 「위풍衛風」, 「기욱淇澳」 편에 나오는 시다.

★ 淇   물이름 기. 기수는 황하黃河의 지류다.

★ 猗猗 아름답고 무성한 모양을 뜻한다.

★ 斐   문채날 비. 여기서는 내면과 외면이 서로 어긋나지 않고 조화되
       어 내면적인 덕성이 외면으로 자연스럽게 품어 나오는 모습을
       뜻한다.

★ 切   끊을 절. 칼이나 톱으로 자르는 것을 말한다.

★ 磋   갈 차. 뼈나 뿔 등을 칼이나 톱으로 자르고서, 줄이나 대패로
       가는 것을 말한다.

★ 琢   쪼을 탁. 망치나 끌로 쪼는 것을 말한다.

★ 磨   갈 마. 옥이나 돌 등을 망치나 끌로 쪼고서, 모래나 돌로 가는
       것을 말한다.

★ 赫   빛날 혁. 드러나는 모양을 뜻한다.

★ 喧   의젓할 훤. 성대한 모양을 뜻한다.

★ 道   말할 도.

『시경』에 "아아! 옛 임금을 잊지 못한다."고 했으니, 군자
는 옛 임금의 어짊을 어질게 여기고 그가 친親하게 해줌을
친하게 여기며, 백성들은 그가 즐겁게 해준 것을 즐겁게 여
기고 그가 이롭게 해준 것을 이롭게 여기니, 이 때문에 세
상을 떠났더라도 잊지 못하는 것이다.

詩云 於戲라 前王不忘이라 하니 君子는 賢其賢而親其親하고 小人
은 樂其樂而利其利하나니 此以沒世不忘也니라

> 시운 오호라 전왕불망이라 하니 군자는 현기현이친기친하고 소인은 락기
> 락이리기리하나니 차이몰세불망야니라

★ 『시경』, 「주송周頌」, 「열문烈文」편에 나오는 시다.

★ **於戲**　감탄사 오. 감탄할 호. '오호嗚呼'와 같은 말이다.

★ **前王**　선왕先王. 여기서는 주나라의 문왕文王과 무왕武王을 의미한다.

★ **君子**　남아 있는 현인賢人과 임금을 뜻한다.

★ **小人**　남아 있는 백성들을 뜻한다.

위는 전傳의 3장으로, 지어지선止於至善을 풀이한 것이다.

右는 傳之三章이니 釋止於至善하니라

> 우는 전지삼장이니 석지어지선하니라

☕ 내용 해설

이 장에서는 『시경』의 내용을 인용하고 이를 해석하여,
'지어지선止於至善'의 의미에 대하여 풀이하였다.

제1절에서는 나라의 도읍지가 사람들이 살 만한 좋은 풍습이 있는 곳이라고 하여, 지극한 선에 비유하고 있다.

제2절에서는 새들도 자신이 머물러야 할 곳을 알고 있으니, 사람들도 반드시 지선에 머물러야 함을 알아야 한다는 점을 말하였다.

제3절에서는 주나라 무왕武王이 항상 공경함에 머물렀음을 예로 들면서, 지선至善에 머물러야 한다는 점을 직접적으로 말하였다.

제4절의 시는 '군자의 빛나는 인품은 자신의 내면적 덕성을 끊임없이 수양하여 이루어진 것'이라는 점을 말한 내용으로, 명명덕明明德이 지선至善에 이르게 됨을 밝힌 것이다.

마지막 제5절의 시는 선왕의 훌륭한 은혜를 받은 사람들이 선왕의 덕을 잊지 못하고 죽은 후에도 존경함을 말한 내용으로, 신민新民이 지선에 이르게 됨을 밝힌 것이다.

이 장의 네 번째 시인 '기욱시淇澳詩'부터 아래에 있는 내용은 『고본대학古本大學』에서는 '성의장誠意章' 다음에 있었으나, 주희는 『고본대학』의 차례가 잘못 뒤섞여 있다고 판단하고 그 순서를 새롭게 하여 『대학장구』의 체재를 새롭게 구성하여 전3장에 편성하였다.

傳三章 止於至善
•

傳四章
本 末
본말

공자가 말하기를 "송사訟事를 듣고서 처리하는 것은 나도
남과 같겠지만, 나는 반드시 송사 자체가 일어나지 않도록
할 것이다."라 하였으니, 진실성이 없는 사람이 거짓말을
다 하지 못하게 한 것은 백성들의 생각을 크게 두렵게 만
들었기 때문이다. 이것을 '근본根本을 안다'고 하는 것이다.

子曰 聽訟이 吾猶人也나 必也使無訟乎인저 하시니 無情者가 不得
盡其辭는 大畏民志니 此謂知本이니라

자왈 청송이 오유인야나 필야사무송호인저 하시니 무정자가 부득진기사는
대외민지니 차위지본이니라

- ★ **猶人** 남과 다르지 않다.

- ★ **情** 뜻 정. 실제實際 또는 실정實情을 뜻한다.

- ★ **辭** 여기서는 거짓으로 변명을 늘어놓는 것을 뜻한다.

위는 전傳의 4장으로, 본말本末에 대해 풀이한 것이다.

右는 傳之四章이니 釋本末하니라
| 우는 전지사장이니 석본말하니라

☕ 내용 해설

이 장에서는 공자의 말을 인용하여 '근본根本과 말단末端'
에 대하여 풀이하였다. 즉, 경1장의 "사물에는 근본과 말
단이 있고, 일에는 시작과 끝이 있으니, 먼저 할 것과 나중
에 할 것을 안다면 도道에 가까울 것이다.[物有本末 事有終始 知
所先後 則近道矣]"라는 문장과 관련된 내용이다.

'백성들의 생각을 크게 두렵게 만들었다[大畏民志]'는 말
은 나의 밝은 덕에 감화하여 자연스럽게 두려워한다는 의
미로, 자연의 이치에 따른 양심을 두려워하는 것이다. 그러
므로 진실성이 없는 자가 거짓으로 자신을 대변하지 못하
게 되어 송사가 없게 할 수 있다는 의미다.

이는 명명덕과 신민의 선후先後와 본말本末에 관한 내용

인데, 송사를 듣고서 옳고 그름을 판단하는 것은 지극한 선이 아니고, 오히려 송사 자체가 생겨나지 않는 경우가 지극한 선의 경지가 된다는 것이다. 그러므로 모든 사람의 덕을 새롭게 하여 지선의 경지에 머무르게 하는 근본은, 먼저 자신의 덕을 밝히는 것에 있다는 의미다.

이 장은 『고본대학』에서는 전3장 세 번째에 나오는 '문왕시文王詩' 끝의 '지어신止於信' 다음에 있었는데, 주희는 편차編次를 바꾸어 전4장으로 구성하였다.

傳 五 章
格物 · 致知
격물 · 치지

이것을 '근본을 안다'고 한다.

此謂知本이니라

| 차위지본이니라

★ 정이程頤는 이 문장이 전4장의 마지막 문장이 잘못 중복된 연문衍文; 잘못 들어간 군더더기 글귀으로 보았다.

이것을 '앎이 지극하다'고 한다.

此謂知之至也니라

| 차위지지지야니라

★ 주희는 이 글 위에 별도로 빠진 글이 있고, 이 문장은 다만 그 내용을 결론지은 것이라고 보았다. 이에 아래와 같이 그 내용을 보충했는데, 이를 「보망장補亡章」이라고 한다.

위는 전傳의 5장으로, 대개 격물格物·치지致知의 뜻을 풀이한 것인데 지금은 그 내용이 없어졌다.

右는 傳之五章이니 蓋釋格物致知之義나 而今에 亡矣라

| 우는 전지오장이니 개석격물치지지의나 이금에 망의라

☕ 보망장

근래에 일찍이 정자程子의 뜻을 조심스럽게 취하여, 누락된 부분을 보충하여 다음과 같이 말한다.

"이른바 '앎을 극진하게 하는 것이 사물에 나아감에 있다[致知在格物]'는 것은, 나의 앎을 극진하게 하고자 한다면 사물에 나아가 그 이치를 탐구해야 한다는 것을 말한다. 대개 사람 마음의 영묘靈妙함은 앎이 있지 않음이 없고, 천하의 모든 사물은 각각 이치理致가 있지 않음이 없지만, 오직 그 사물의 이치를 온전하게 탐구하지 못하기 때문에 앎이 극진해지지 못하게 되는 것이다. 그러므로 대학大學에서 처음 가르칠 때 반드시 배우는 이들에게 천하의 모든 사물에 나아가게 하여, 이미 알고 있는 이치를 바탕으로 더욱 탐구해서 그 극진함에 이를 것을 구하지 않음이 없게 한 것이다. 그렇게 힘쓰기를 오래 하여 하루아침에 환하게 관통貫通하게 되면, 모든 사물의 겉과 속, 그리고 정밀한 것과 거친 것이 이르지 않음이 없게 될 것이고, 내 마음의 온전한 본체와 큰 쓰임이 밝아지지 않음이 없게 될 것이다. 이것을 '사물이 이른다[物格]'고 하며, 이것을 '앎의 극진함[知之至]'이라고 한다."

間嘗竊取程子之意하여 以補之하니 曰 所謂致知在格物者는 言欲致吾之知인댄 在卽物而窮其理也라 蓋人心之靈이 莫不有知요 而天下之物이 莫不有理언마는 惟於理에 有未窮이라 故로 其知有不盡也하니 是以로 大學始敎에 必使學者로 卽凡天下之物하여 莫不因其已知之理而益窮之하여 以求至乎其極하나니 至於用力之久하여 而一旦에 豁然貫通焉이면 則衆物之表裏精粗가 無不到하고 而吾心之全體大用이 無不明矣리니 此謂物格이며 此謂知之至也니라

간상절취정자지의하여 이보지하니 왈 소위치지재격물자는 언욕치오지지인댄 재즉물이궁기리야라 개인심지령이 막불유지요 이천하지물이 막불유리언마는 유어리에 유미궁이라 고로 기지유부진야하니 시이로 대학시교에 필사학자로 즉범천하지물하여 막불인기이지지리이익궁지하여 이구지호기극하나니 지어용력지구하여 이일단에 활연관통언이면 즉중물지표리정조가 무부도하고 이오심지전체대용이 무불명의리니 차위물격이며 차위지지지야니라

★ 間   가까울 간. 근간近間 또는 근래近來의 뜻이다.
★ 豁然   환히 깨달은 모양을 뜻한다.

🍵 내용 해설

이 장은 본래 팔조목八條目 중에서 '격물치지格物致知'에 대한 풀이가 있어야 하는 부분인데, 주희朱熹는 그 내용이 책의 전수 과정에서 망실亡失되어 없어졌다고 생각하였다. 이에 주희는 스스로 정자程子; 程頤의 생각을 이어서 그 내용을 보충하였다. 이를 망실된 내용을 보충하였다고 하여 일명 '보망장補亡章'이라고 부르는데, 이는 주자학의 인식이론을 대표하는 핵심적인 내용이 된다.

주희는 이에서 격물치지를 해야 하는 이유와 그 공부 방법 및 효과를 설명하고 있다. 즉, 주희는 객관적인 사물에 나아가 그 사물의 이치를 탐구하는 과정을 통하여 나의 앎을 극진히 할 수 있다고 하였는데, 이러한 주희의 인식이론을 '객관적 유심론客觀的 唯心論'이라고 평가한다.

이 장의 본문은 『고본대학』에서는 전6장과 함께 경1장 바로 뒤에 있었다.

傳六章
誠意
성의

이른바 '그 뜻을 성실하게 한다'는 것은, 자기 스스로 속이지 않는다는 것이다. 마치 악취惡臭를 싫어하는 것처럼 하고 마치 어여쁜 얼굴을 좋아하는 것처럼 하는 것이니, 이것을 '스스로 만족함'이라고 말한다. 그러므로 군자는 반드시 홀로 있을 때를 삼가는 것이다.

所謂誠其意者는 毋自欺也니 如惡惡臭하고 如好好色이라 此之謂 自謙이니 故로 君子는 必愼其獨也니라

소위성기의자는 무자기야니 여오악취하고 여호호색이라 차지위자겸이니 고로 군자는 필신기독야니라

★ **好色** 어여쁜 얼굴 또는 어여쁜 여자를 뜻한다.

★ **謙** 여기서는 '흡족할 겸慊'과 통용되어 '만족하다'·'자족自足하다'의 뜻이다. 주희는 이를 '쾌족快足'의 의미로 풀이하였다.

★ **獨** 남은 알지 못하고 자기만 아는 곳 또는 홀로 있을 때를 말한다.

소인이 한가로이 홀로 거처할 때는 나쁜 짓을 하여 이르지 않는 곳이 없다가, 군자를 본 뒤에는 몰래 불선不善함을 감추고 선함만을 드러내려고 하는데, 남들이 자기를 보기를 마치 폐肺와 간肝을 들여다보듯이 하니 무슨 유익함이 있겠는가! 이것을 일러 '마음속에서 성실하면 외면으로 드러난다'라는 것이다. 그러므로 군자는 반드시 홀로 있을 때를 삼가는 것이다.

小人이 閒居에 爲不善하되 無所不至하다가 見君子而后에 厭然揜其不善하고 而著其善하나니 人之視己가 如見其肺肝然이니 則何益矣리오 此謂誠於中이면 形於外니 故로 君子는 必愼其獨也니라

> 소인이 한거에 위불선하되 무소부지하다가 견군자이후에 암연엄기불선하고 이저기선하나니 인지시기가 여견기폐간연이니 즉하익의리오 차위성어중이면 형어외니 고로 군자는 필신기독야니라

★ **閒居** 홀로 거처하는 것을 말한다.

★ **厭然** 계면쩍을 암. 부끄러워서 은폐하고 감추는 모양을 뜻한다.

증자가 말하기를, "열 눈이 바라보고 있으며, 열 손가락이 가리키고 있으니, 그 엄함이여!"라 하였다.

傳六章 誠意
•

曾子曰 十目所視며 十手所指니 其嚴乎인저

| 증자왈 십목소시며 십수소지니 기엄호인저

부유함은 집을 윤택하게 하고 덕德은 몸을 윤택하게 하니, 덕이 쌓이면 마음이 넓어지고 몸이 편안해진다. 그러므로 군자는 반드시 그 뜻을 성실하게 하는 것이다.

富潤屋이요 德潤身이라 心廣體胖하나니 故로 君子는 必誠其意니라

| 부윤옥이요 덕윤신이라 심광체반하나니 고로 군자는 필성기의니라

* **胖**　　　살찔 반. 편안하고 펴진다는 뜻이다.
* **心廣體胖**　마음에 부끄러움이 없으면 마음이 넓어지고 너그러워져 몸이 항상 펴지고 편안해진다는 의미로, 이것이 바로 덕이 몸을 윤택하게 하는 것이다.

위는 전傳의 6장으로, 성의誠意를 풀이한 것이다.

右는 傳之六章이니 釋誠意하니라

| 우는 전지육장이니 석성의하니라

☕ 내용 해설

이 장에서는 팔조목 중 '성의誠意'에 대하여 설명하였다.
제1절에서는 자신의 뜻을 성실히 하는 것은 자기 스스

로를 속이지 않는 것이라고 하고, 선을 좋아하고 악함을 미워하는 것을 마음에서 우러나오게 하여 스스로 만족할 수 있어야 한다는 점을 말하였다.

제2절에서는 남이 볼 때만 올바른 행동을 하고 남이 보지 않을 때는 악행惡行을 일삼는 소인의 경우를 예로 들어, 남이 지켜보지 않는 상황이라도 몸가짐과 마음가짐을 신중히 해야 함을 강조하였다.

제3절에서는 혼자 있을 때의 마음가짐과 행동이라도 끝까지 감추지 못한다는 점을 말하였다.

제4절은 '신독愼獨'의 효과를 말한 대목으로, 홀로 있을 때도 한 점 부끄럼 없게 행동한다면 마음과 몸이 편안하게 된다는 것이다. 그러므로 개인 수양의 출발점은 '성의'로부터 시작되어야 하며, 이는 혼자 있을 때도 조심하는 '신독' 공부에 달려 있다는 내용이다.

이 장은 『고본대학』에서는 앞의 5장과 함께 경1장 바로 뒤에 있었다.

傳七章
正心・修身
정심 · 수신

　이른바 '몸가짐의 수양修養이 마음을 바르게 하는 데 달려 있다'고 하는 것은, 마음에 분하고 화나는 일이 있으면 바른 마음을 얻지 못하고, 마음에 겁내거나 두려워하는 바가 있으면 바른 마음을 얻지 못하고, 마음에 좋아하고 즐기는 바가 있으면 바른 마음을 얻지 못하며, 마음에 근심하는 바가 있으면 바른 마음을 얻지 못하기 때문이다.

所謂修身이 在正其心者는 身[心]有所忿懥면 則不得其正하며 有所恐懼면 則不得其正하며 有所好樂면 則不得其正하며 有所憂患이면 則不得其正이니라

> 소위수신이 재정기심자는 신[심]유소분치면 즉부득기정하며 유소공구면
> 즉부득기정하며 유소호요면 즉부득기정하며 유소우환이면 즉부득기정이
> 니라

★ **身**   정이는 '신身' 자가 마땅히 '심心'이 되어야 한다고 하였고, 주희
도 이 관점을 따라서 '심心'으로 풀이하였다. 이에 비해 한漢의
정현鄭玄은 글자 그대로 '신身'으로 풀이하였다.

   마음이 있지 않으면 보아도 보이지 않고, 들어도 들리지
않으며, 먹어도 그 맛을 모르게 된다.

心不在焉이면 視而不見하며 聽而不聞하며 食而不知其味니라

| 심부재언이면 시이불견하며 청이불문하며 식이부지기미니라

   이것을 '몸가짐의 수양이 마음을 바르게 하는 데 달려
있다'고 하는 것이다.

此謂修身이 在正其心이니라

| 차위수신이 재정기심이니라

   위는 전傳의 7장으로, 정심수신正心修身에 대해 풀이한 것이다.

右는 傳之七章이니 釋正心修身하니라

| 우는 전지칠장이니 석정심수신하니라

🍵 내용 해설

이 장에서는 '수신修身'의 근본이 마음을 바르게 하는 '정심正心'에 있다는 점을 설명하였다.

제1절에서 마음이 바르게 되지 못하는 원인을 설명하고, 제2절에서는 내면의 마음 상태에 따라서 외재적인 몸의 상태가 결정된다는 점을 말하고, 마지막 제3절에서 몸과 마음의 관계를 결론지어 설명하였다.

전7장 이후는 『대학장구』와 『고본대학』의 차례가 같다.

대학
大學

傳八章
修身·齊家
수신·제가

이른바 '그 집안을 가지런하게 하는 것이 자신의 몸가짐을 수양하는 데 달려 있다'고 하는 것은, 사람들이 친하고 사랑하는 바에 편벽되며, 천하게 여기고 미워하는 바에 편벽되며, 두려워하고 공경하는 바에 편벽되며, 가엽게 여기고 불쌍히 여기는 바에 편벽되며, 거만하고 게으른 바에 편벽되기 때문이다. 그러므로 좋아하면서도 그 나쁜 점을 알고, 미워하면서도 그 아름다운 점을 아는 사람이 이 세상에 드문 것이다.

所謂齊其家가 在修其身者는 人이 之其所親愛而辟焉하며 之其
所賤惡而辟焉하며 之其所畏敬而辟焉하며 之其所哀矜而辟焉하
며 之其所敖惰而辟焉하나니 故로 好而知其惡하며 惡而知其美者
가 天下에 鮮矣니라

소위제기가가 재수기신자는 인이 지기소친애이벽언하며 지기소천오이벽언
하며 지기소외경이벽언하며 지기소애긍이벽언하며 지기소오타이벽언하나
니 고로 호이지기악하며 오이지기미자가 천하에 선의니라

★ **人** 여러 사람을 뜻한다.

★ **之** 어於의 용례와 같이 쓰여, '~에'·'~에서'·'~에 대해'로 해석한다.

★ **辟** 편벽될 벽. 치우칠 편偏과 같이, 어느 한쪽으로 치우치는 것을
　　　　　뜻한다.

　그러므로 속담에 "사람들은 자기 자식의 악惡한 점을 알
지 못하고, 자기 싹이 큼을 알지 못한다."고 하였다.

故로 諺에 有之하니 曰 人莫知其子之惡하며 莫知其苗之碩이라 하
니라

| 고로 언에 유지하니 왈 인막지기자지악하며 막지기묘지석이라 하니라

★ **諺** 속담. 전해 내려오는 말을 뜻한다.

★ 주희는 "사랑에 빠진 자는 밝지 못하고, 얻기를 탐하는 자는 만족함이
　없으니, 이것은 편벽됨이 해가 되어 집안이 가지런해지지 못하는 이유
　다."라고 하였다.

　이것을 '몸가짐을 수양하지 않으면 집안을 가지런히 할 수
없다'고 하는 것이다.

此謂身不修면 不可以齊其家니라

| 차위신불수면 불가이제기가니라

위는 전傳의 8장으로, 수신제가修身齊家에 대해 풀이한 것이다.

右는 傳之八章이니 釋修身齊家하니라

| 우는 전지팔장이니 석수신제가하니라

☕ 내용 해설

이 장에서는 '수신修身'이 '제가齊家'의 근본이라는 점에 관해 설명하였다.

제1절에서는 몸가짐을 수양하지 못하는 원인이 인간관계의 편벽된 감정에 의해 야기된다는 점을 밝혔고, 제2절에서는 속담을 인용하여 좋아하고 미워함에 치우친 마음에 대하여 밝혔으며, 마지막 제3절에서 이를 반어적으로 결론짓고 있다.

傳九章
齊家·治國
제가·치국

　이른바 '나라를 다스리고자 하면 반드시 먼저 집안을 가지런하게 해야 한다'고 하는 것은, 집안 사람을 가르치지 못하고서 남을 가르칠 수 있는 사람은 없다는 것이다. 그러므로 군자는 집을 벗어나지 않고서도 나라에서의 교화를 완성할 수 있다. 효도는 임금을 섬기는 원리가 되고, 공손함은 어른을 섬기는 원리가 되며, 자애로움은 백성을 부리는 원리가 되기 때문이다.

所謂治國이 必先齊其家者는 其家를 不可教요 而能教人者는 無
之하니 故로 君子는 不出家而成教於國하나니 孝者는 所以事君也
요 弟者는 所以事長也요 慈者는 所以使衆也니라

> 소위치국이 필선제기가자는 기가를 불가교요 이능교인자는 무지하니 고로
> 군자는 불출가이성교어국하나니 효자는 소이사군야요 제자는 소이사장야
> 요 자자는 소이사중야니라

★ **弟**　공경 제悌와 같은 뜻으로 쓰였다.

★ **不出家**　'집을 벗어나지 않는다'는 말은 가정교육에서 벗어나지 않는다
　　　　　는 뜻이다. 즉, 가정교육이 국가적인 교화敎化의 근본이라는 의
　　　　　미다.

「강고」에서 "갓난아이를 보호하듯이 한다."고 하였으니,
마음으로부터 진실로 구한다면 비록 적중的中하지는 않더
라도 멀리 벗어나지는 않을 것이다. 자식 기르는 방법을 배
운 뒤에 시집가는 사람은 없는 것이다.

康誥에 曰 如保赤子라 하니 心誠求之면 雖不中이나 不遠矣니 未有
學養子而后에 嫁者也니라

> 강고에 왈 여보적자라 하니 심성구지면 수부중이나 불원의니 미유학양자
> 이후에 가자야니라

★ **康誥**　『서경』, 「주서周書」에 나오는 편명이다.

★ **赤子**　갓난아이를 뜻한다.

　한 집안이 어질면 온 나라에 어진 풍속이 일어나게 되
고, 한 집안이 겸양謙讓하면 온 나라에 겸양하는 풍속이 일

어나게 되며, 한 사람이 탐욕을 부리고 도리에 어긋나게
하면 온 나라에 혼란이 일어나게 되니, 그 기틀이 이와 같
다. 이것을 '한마디 말이 일을 그르치게 하며, 한 사람이
나라를 안정시킨다'고 하는 것이다.

一家仁이면 一國이 興仁하며 一家讓이면 一國이 興讓하고 一人이 貪
戾하면 一國이 作亂하나니 其機如此하니 此謂一言이 僨事며 一人이
定國이니라

> 일가인이면 일국이 흥인하며 일가양이면 일국이 흥양하고 일인이 탐려하
> 면 일국이 작란하나니 기기여차하니 차위일언이 분사며 일인이 정국
> 이니라

★ **一家** 여기서는 임금의 집안을 말한다.

★ **一人** 여기서는 임금을 말한다.

★ **機** 기틀 기. 발동함이 말미암는 것을 뜻한다.

★ **僨** 전복顚覆되고 패배敗하는 것을 뜻한다.

　요堯임금과 순舜임금이 천하를 인仁으로 다스리자 백성
들이 그를 따랐고, 걸桀왕과 주紂왕이 천하를 포악함으로
다스리자 백성들이 그를 따랐으니, 그 명령하는 바가 그 자
신이 좋아하는 것과 상반되면 백성들이 따르지 않는 것이
다. 그러므로 군자는 자기에게 선善한 점이 있은 후에 남에
게 선을 요구하며, 자기에게 악惡한 점이 없은 후에 남의
악함을 비난할 수 있다. 자기 몸에 간직한 것이 서恕하지

못하고서 남을 깨우칠 수 있는 사람은 없다.

堯舜이 帥天下以仁하신대 而民이 從之하며 桀紂가 帥天下以暴한대 而民이 從之하니 其所令이 反其所好면 而民이 不從하나니 是故로 君子는 有諸己而後에 求諸人하며 無諸己而後에 非諸人하나니 所 藏乎身이 不恕요 而能喩諸人者는 未之有也니라

> 요순이 솔천하이인하신대 이민이 종지하며 걸주가 솔천하이포한대 이민이 종지하니 기소령이 반기소호면 이민이 부종하나니 시고로 군자는 유저기 이후에 구저인하며 무저기이후에 비저인하나니 소장호신이 불서요 이능유 저인자는 미지유야니라

★ **帥**　거느릴 솔. '다스리다'는 뜻이다.

★ **桀紂**　걸桀은 하夏나라의 마지막 임금이고, 주紂는 은殷나라의 마지막 임금으로, 고대 중국에서 폭군의 대명사다.

　그러므로 나라를 다스리는 것이 그 집안을 가지런하게 하는 데 달린 것이다.

故로 治國이 在齊其家니라

| 고로 치국이 재제기가니라

　『시경』에 "복숭아꽃의 예쁨이여! 그 잎이 무성하구나. 이 아가씨가 시집감이여! 그 집안 사람들에게 잘할 것이 다."라 하였으니, 그 집안 식구에게 잘한 뒤에야 나라 사람 들을 가르칠 수 있는 것이다.

詩云 桃之夭夭여 其葉蓁蓁이로다 之子于歸여 宜其家人이라 하니
宜其家人而后에 可以教國人이니라

| 시운 도지요요여 기엽진진이로다 지자우귀여 의기가인이라 하니 의기가인
| 이후에 가이교국인이니라

★ 『시경』, 「주남周南」, 「도요桃夭」 편에 나오는 시다.

★ 夭夭   어릴 요. 어리고 예쁜 모양을 뜻한다.

★ 蓁蓁   우거질 진. 아름답고 성한 모양을 뜻한다.

★ 之子   지之는 이 시是와 같은 뜻으로 쓰였고, 자子는 자식으로 딸이라
         는 뜻으로 쓰였다.

★ 宜   마땅할 의. 잘할 선善과 같은 뜻으로 쓰였다.

『시경』에 "형에게도 잘하고, 아우에게도 잘한다."고 하
였으니, 형에게 잘하고 아우에게 잘한 뒤에야 나라 사람들
을 가르칠 수 있는 것이다.

詩云 宜兄宜弟라 하니 宜兄宜弟而后에 可以教國人이니라

| 시운 의형의제라 하니 의형의제이후에 가이교국인이니라

★ 『시경』, 「소아小雅」, 「요소蓼蕭」 편에 나오는 시다.

『시경』에 "그 위의威儀; 행동가 어긋나지 않는지라, 사방의
나라들을 바르게 한다."고 하였으니, 그 부자父子와 형제兄弟
들이 족히 본받을 만한 뒤에야 백성들이 그를 본받는 것
이다.

詩云 其儀不忒이라 正是四國이라 하니 其爲父子兄弟가 足法而后
에 民이 法之也니라

| 시운 기의불특이라 정시사국이라 하니 기위부자형제가 족법이후에 민이
| 법지야니라

★『시경』, 「조풍曹風」, 「시구鳲鳩」 편에 나오는 시다.

이것을 '나라를 다스리는 것이 그 집안을 가지런하게 하
는 데 달려 있다'고 하는 것이다.

此謂治國이 在齊其家니라

| 차위치국이 재제기가니라

위는 전傳의 9장으로, 제가치국齊家治國에 대해 풀이한 것이다.

右는 傳之九章이니 釋齊家治國하니라

| 우는 전지구장이니 석제가치국하니라

☕ 내용 해설

이 장에서는 '제가齊家'가 '치국治國'의 근본이 된다는 점
에 대하여 설명하였다.

전반부의 제1절에서는 가정교육에서의 효孝·제弟·자慈가
사회 교화의 근본이 된다는 점을 밝혔다. 제2절에서는 나

라 다스리는 일을 가정에서 부모가 자식을 보살피는 진실한 마음으로 해야 한다는 점을 말하였다. 제3절에서는 가정이 잘 다스려지면 나라도 잘 다스려진다는 점을 말하였는데, 특히 왕실에서 어질고 겸양하는 모범을 보여야 한다는 점을 강조한 것이다. 제4절은 고대의 성군聖君인 요순堯舜을 인용하여 임금이 몸소 솔선수범하여 백성들에게 미루어 나가야 한다는 점을 밝혔다. 제5절은 앞의 네 구절을 맺은 말이다.

후반부의 제6절과 제7절, 제8절에서는 『시경』의 시 세 편을 인용하여, 가정에서 부부夫婦·부자父子·형제兄弟 사이에서 모범이 된 연후에 온 나라 사람들의 본보기가 되어 나라를 올바르게 다스릴 수 있음을 밝히고, 마지막 절에서 다시 한번 결론 맺고 있다.

傳十章
治國·平天下
치국·평천하

이른바 '천하를 화평和平하게 하는 것이 그 나라를 다스리는 데 달려 있다'는 것은, 윗사람이 노인을 노인으로 대우하면 백성들이 효도孝道하는 기풍을 일으킬 것이며, 윗사람이 어른을 어른으로 대접하면 백성들이 공경하는 기풍을 일으킬 것이며, 윗사람이 고아孤兒를 불쌍히 여기면 백성들이 배반하지 않는다는 것이다. 그러므로 군자는 '척도尺度로써 헤아리는 도리道理'가 있는 것이다.

所謂平天下가 在治其國者는 上老老而民興孝하며 上長長而民
興弟하며 上恤孤而民不倍하나니 是以로 君子는 有絜矩之道也니라

소위평천하가 재치기국자는 상노노이민흥효하며 상장장이민흥제하며 상
휼고이민불배하나니 시이로 군자는 유혈구지도야니라

★ **老老**　　앞의 노老는 동사로 쓰여 '늙은이로 모시다'·'늙은이로 대
　　　　우하다'의 뜻이고, 뒤의 노老는 명사로 '노인'의 뜻이다. 즉,
　　　　'노인을 노인으로 대우한다' 또는 '어버이를 어버이로 모신
　　　　다'는 의미다.

★ **長長**　　노노老老와 같은 형식으로, '어른을 어른으로 대우한다'는
　　　　의미다.

★ **孤**　　　어려서 아버지가 없는 사람, 즉 고아를 뜻한다.

★ **矩**　　　척도尺度. 네모진 것을 재거나 만드는 곱자를 뜻한다.

★ **絜矩之道**　헤아릴 혈絜, 법도 구矩. 자기의 마음을 미루어 남의 마음을
　　　　헤아리는 도리로, 서恕·추기급인推己及人의 사상과 통한다.

　윗사람에게서 싫어하는 것으로 아랫사람을 부리지 말
고, 아랫사람에게서 싫어하는 것으로 윗사람을 섬기지 말
며, 앞사람에게서 싫어하는 것으로 뒷사람에게 앞서 행하
지 말고, 뒷사람에게서 싫어하는 것으로 앞사람을 따르지
말며, 오른쪽 사람에게서 싫어하는 것으로 왼쪽 사람을
사귀지 말고, 왼쪽 사람에게서 싫어하는 것으로 오른쪽 사
람을 사귀지 말아야 하니, 이것을 일러 '척도로써 헤아리
는 도리'라고 하는 것이다.

所惡於上으로 毋以使下하며 所惡於下로 毋以事上하며 所惡於前으로 毋以先後하며 所惡於後로 毋以從前하며 所惡於右로 毋以交於左하며 所惡於左로 毋以交於右가 此之謂絜矩之道니라

소오어상으로 무이사하하며 소오어하로 무이사상하며 소오어전으로 무이선후하며 소오어후로 무이종전하며 소오어우로 무이교어좌하며 소오어좌로 무이교어우가 차지위혈구지도니라

『시경』에 "즐거우신 군자여! 백성의 부모로다."라 하였으니, 백성들이 좋아하는 것을 좋아하며 백성들이 싫어하는 것을 싫어하므로, 이에 '백성의 부모'라고 하는 것이다.

詩云 樂只君子여 民之父母라 하니 民之所好를 好之하며 民之所惡를 惡之하니 此之謂民之父母니라

시운 락지군자여 민지부모라 하니 민지소호를 호지하며 민지소오를 오지하니 차지위민지부모니라

★『시경』, 「소아小雅」, 「남산유대南山有臺」 편에 나오는 시다.
★ 只   어조사 지.

『시경』에 "깎아지른 듯한 저 남산이여! 저 큰 바위가 우뚝 솟아 있구나. 찬란하게 빛나는 태사太師 윤씨尹氏여! 백성들이 모두 그대를 우러러본다."고 하였으니, 국가를 소유한 사람은 신중하지 않으면 안 되니 편벽偏僻되면 천하 사람들에게 죽임을 당하게 된다.

詩云 節彼南山이여 維石巖巖이로다 赫赫師尹이여 民具爾瞻이라 하니 有國者는 不可以不愼이니 辟則爲天下僇矣니라

시운 절피남산이여 유석암암이로다 혁혁사윤이여 민구이첨이라 하니 유국
자는 불가이불신이니 벽즉위천하륙의니라

★ 『시경』, 「소아」, 「절남산節南山」편에 나오는 시다.

★ **節**　깎아지른 듯할 절截과 같은 의미로, 깎아지른 듯이 높고 큰 모양
　　　을 말한다.

★ **巖巖**　바위가 높게 겹쳐 우뚝 서 있는 모양을 말한다.

★ **赫赫**　크게 드러나 빛나는 모양을 말한다.

★ **師尹**　주周나라에서 태사太師를 지낸 윤씨를 말한다. 태사는 주나라
　　　때 문관文官의 최고 벼슬로, 삼공三公의 하나였다.

　　『시경』에 "은殷나라가 백성을 잃지 않았을 때는 능히 상
제上帝와 짝할 수 있었으니, 마땅히 은나라를 거울삼아야
할 것이다. 큰 천명天命은 보존하기가 쉽지 않다."고 하였으
니, '백성을 얻으면 나라를 얻고 백성을 잃으면 나라를 잃
는다'는 것을 말한 것이다.

詩云 殷之未喪師엔 克配上帝러니 儀監于殷이어다 峻命不易라 하
니 道得衆則得國하고 失衆則失國이니라

시운 은지미상사엔 극배상제러니 의감우은이어다 준명불이라 하니 도득중
즉득국하고 실중즉실국이니라

★ 『시경』, 「대아大雅」, 「문왕文王」편에 나오는 시다.

★ **師**　무리 사. 민중·대중의 의미로, 백성 또는 백성의 마음을 말한다.

★ **上帝**　중국 고대에 인간 세상을 주재한다고 믿었던 주재자이며 최고
　　　신을 말한다. 특히 은殷나라 때 신권통치神權統治의 최고 권위를
　　　지닌 존재로 인식되었다.

★ **道**　말할 도.

그러므로 군자는 먼저 자신의 덕德을 신중하게 닦아야 할 것이니, 덕이 있으면 이에 백성이 있게 되고, 백성이 있으면 이에 영토가 있게 되며, 영토가 있으면 이에 재물이 있게 되고, 재물이 있으면 이에 쓰임이 있게 될 것이다.

是故로 君子는 先愼乎德이니 有德이면 此有人이요 有人이면 此有土요 有土면 此有財요 有財면 此有用이니라

| 시고로 군자는 선신호덕이니 유덕이면 차유인이요 유인이면 차유토요 유토면 차유재요 유재면 차유용이니라

★ 人　　백성을 말한다.

★ 土　　영토를 말한다.

덕은 근본이고, 재물은 말단이다.

德者는 本也요 財者는 末也니

| 덕자는 본야요 재자는 말야니

근본을 가볍게 여기고 말단을 중요하게 여기게 되면, 백성들을 다투게 하여 약탈하는 법을 가르치는 것이다.

外本內末이면 爭民施奪이니라

| 외본내말이면 쟁민시탈이니라

★ **外本內末**　외外란 '외적인 것으로 생각하여 가볍게 여기다'·'도외시하다'라는 뜻이고, 내內는 '내적인 것으로 생각하여 중요시하다'라는 뜻이다.

그러므로 재물을 모으면 백성이 흩어지고, 재물을 흩으면 백성이 모이게 된다.

是故로 財聚則民散하고 財散則民聚니라

| 시고로 재취즉민산하고 재산즉민취니라

그러므로 말이 도리에 어긋나게 나간 것은 또한 도리에 어긋나게 들어오고, 재물이 도리에 어긋나게 들어온 것은 또한 도리에 어긋나게 나가게 된다.

是故로 言悖而出者는 亦悖而入하고 貨悖而入者는 亦悖而出이니라

| 시고로 언패이출자는 역패이입하고 화패이입자는 역패이출이니라

「강고」에 "천명天命은 불변不變하는 것이 아니다."라 하였으니, '선善하면 얻고 불선不善하면 잃게 된다'는 것을 말한 것이다.

康誥에 曰 惟命은 不于常이라 하니 道善則得之하고 不善則失之矣니라

| 강고에 왈 유명은 불우상이라 하니 도선즉득지하고 불선즉실지의니라

★ 命　　천명天命을 뜻한다.

★ 道　　말할 도.

『초서』에는 "초楚나라는 보배로 삼을 것이 없다. 오직 선인善人을 보배로 삼는다."고 하였다.

楚書에 曰 楚國은 無以爲寶요 惟善을 以爲寶라 하니라

| 초서에 왈 초국은 무이위보요 유선을 이위보라 하니라

★ 楚書　『국어國語』의 「초어楚語」을 말한다.

★ 이 내용은 초楚나라의 왕손어王孫圉가 진晉나라에 사신으로 갔을 때, 진나라의 대부인 조간자趙簡子가 왕손어에게 백연白珩이라는 큰 옥구슬을 자랑하자, 왕손어가 조간자에게 "우리 초나라에서는 구슬을 보배로 여기지 않고 임금을 훌륭하게 보좌하는 관야보觀射父와 같은 신하를 보배로 여긴다."고 대답한 내용에 기인한 것이다.

구범舅犯이 말하기를, "망명亡命한 사람은 보배로 삼을 것이 없고, 어버이를 사랑하는 것을 보배로 삼는다."고 하였다.

舅犯이 曰 亡人은 無以爲寶요 仁親을 以爲寶라 하니라

| 구범이 왈 망인은 무이위보요 인친을 이위보라 하니라

★ 舅犯　춘추시대 진晉나라 문공文公의 외삼촌인 호언狐偃으로, 자字가 자범子犯이기 때문에 구범舅犯이라고 불렀다.

★ 亡人　문공이 공자公子 시절에 아버지인 헌공獻公의 미움을 받아 진秦나라에 망명해 있었기 때문에 망인亡人이라고 한 것이다.

★ 이 내용은 『예기』, 「단궁檀弓」 편에 나오는 다음의 내용에 기인한다. "진나라 문공이 즉위하기 전에 부왕인 헌공의 미움을 사서 진나라에 망명해 있을 때, 아버지인 헌공이 죽자 진의 목공穆公이 문공에게 이 기회를 틈타 귀국하여 정권을 잡을 것을 권유하였다. 그러자 같이 망명해 있던 문공의 외삼촌이 '문공은 부모에게 효도하는 것을 보배로 삼기 때문에, 부모의 상喪에 다른 마음을 먹지 않고 오직 애통해할 뿐이다'라고 하여, 자식의 도리를 다할 수 있도록 해주었다. 이러한 효심 때문에 문공이 후일 진나라로 돌아가서 왕위에 오를 수 있었다."

「진서秦誓」에 "만약 한 신하가 있는데, 그 모습이 정성스럽고 한결같기만 하고 다른 재주는 없지만, 그 마음이 아름답고 너그러워 남을 용납함이 있는 듯하여 남이 지닌 재주를 마치 자기가 소유한 것처럼 여기며, 남의 선비답고 성聖스러움을 마음으로 좋아하여 자기 입으로 칭찬하는 것에만 그치지 않는다면, 이는 진실로 남을 포용하는 것이어서 우리 자손과 백성들을 보전할 수 있을 것이니, 거의 이로움이 있을 것이다. 그런데 이와 반대로 남이 가지고 있는 재주를 시기하고 미워하며, 남의 선비답고 성스러움을 거슬러 통하지 못하게 하면, 이것은 남을 포용하지 못하는 것이어서 우리 자손과 백성을 보전하지 못할 것이니, 또한 위태로울 것이다."라 하였다.

秦誓에 曰 若有一个臣이 斷斷兮요 無他技나 其心이 休休焉하여 其如有容焉이라 人之有技를 若己有之하며 人之彦聖을 其心好之하여 不啻若自其口出이면 寔能容之라 以能保我子孫黎民이니 尙亦有利哉인저 人之有技를 媢疾以惡之하며 人之彦聖을 而違之하야 俾不通이면 寔不能容이라 以不能保我子孫黎民이니 亦曰殆哉인저 하니라

| 진서에 왈 약유일개신이 단단혜요 무타기나 기심이 휴휴언하여 기여유용 언이라 인지유기를 약기유지하며 인지언성을 기심호지하여 불시약자기구 출이면 식능용지라 이능보아자손려민이니 상역유리재인저 인지유기를 모질이오지하며 인지언성을 이위지하야 비불통이면 식불능용이라 이불능보아자손려민이니 역왈태재인저 하니라

★ **秦誓**　『서경』, 「주서周書」 중의 편명이다.

★ **斷斷**　성실할 단. 정성스럽고 한결같은 모양을 뜻한다.

★ **休休**　아름다울 휴. 아름답고 너그러운 모양을 뜻한다.

★ **彦**　선비 언. 아름다운 선비를 뜻한다.

★ **不啻**　뿐 시. '~할 뿐 아니라'의 뜻이다.

★ **寔**　이 식. 진실로 식.

★ **黎民**　일반 백성. 서민庶民. 관冠을 쓰지 않아서 검은 머리가 보인다고 하여 붙여졌다고 한다.

★ **尙**　거의 상.

★ **俾**　하여금 비.

　오직 어진 사람이라야 이런 악한 사람을 추방하여 사방 오랑캐의 땅으로 내쫓아 중원中原에서 더불어 살지 못하게

할 수 있으니, 이것을 '오직 어진 사람이라야 남을 사랑할 수 있으며, 남을 미워할 수 있다'고 하는 것이다.

唯仁人이라야 放流之하되 迸諸四夷하야 不與同中國하나니 此謂唯仁人이라야 爲能愛人하며 能惡人이니라

> 유인인이라야 방류지하되 병저사이하야 불여동중국하나니 차위유인인이라야 위능애인하며 능오인이니라

★ **放流** 놓을 방. 내칠 류. 추방한다는 뜻이다.

★ **迸** 쫓을 병. 축출한다는 뜻이다.

★ **中國** 여기서는 천자天子가 사는 수도가 있는 중원中原 지역을 뜻한다.

어진 사람을 보고도 등용登用하지 못하며 등용하되 먼저 하지 못하는 것이 태만怠慢한 것이요, 선하지 못한 사람을 보고도 물리치지 못하며 물리치되 멀리하지 못하는 것이 과실過失이다.

見賢而不能擧하며 擧而不能先이 命也요 見不善而不能退하며 退而不能遠이 過也니라

> 견현이불능거하며 거이불능선이 명야요 견불선이불능퇴하며 퇴이불능원이 과야니라

★ **擧** 들 거. 벼슬에 등용한다는 뜻이다.

★ **命** 한漢의 정현鄭玄은 '게으를 만慢'이 되어야 한다고 보았고, 송宋의 정이程頤는 '게으를 태怠'가 되어야 한다고 보았다. '태만怠慢하다'라는 뜻이다.

사람들이 싫어하는 것을 좋아하고 사람들이 좋아하는 것을 싫어하는 것을, '사람의 본성을 거스른다'고 말한다. 이러한 사람은 재앙이 반드시 그 몸에 미칠 것이다.

好人之所惡하며 惡人之所好를 是謂拂人之性이라 菑必逮夫身이니라

| 호인지소오하며 오인지소호를 시위불인지성이라 재필체부신이니라

그러므로 군자에게는 큰 도리가 있으니, 반드시 충실함과 믿음으로써 얻고 교만함과 방자함으로써 잃는 것이다.

是故로 君子有大道하니 必忠信以得之하고 驕泰以失之니라

| 시고로 군자유대도하니 필충신이득지하고 교태이실지니라

★ 泰   잘난체할 태. '방자放恣하다'라는 뜻이다.

재물을 생산하는 데 큰 도리가 있으니, 생산하는 사람이 많고 먹는 사람이 적으며, 만드는 사람은 부지런히 만들고 쓰는 사람은 천천히 쓰면, 재물이 항상 풍족할 것이다.

生財에 有大道하니 生之者衆하고 食之者寡하며 爲之者疾하고 用之者舒하면 則財恒足矣리라

| 생재에 유대도하니 생지자중하고 식지자과하며 위지자질하고 용지자서하면 즉재항족의리라

어진 사람은 재물로써 몸을 일으키고, 어질지 못한 사람은 몸으로써 재물을 일으킨다.

仁者는 以財發身하고 不仁者는 以身發財니라

| 인자는 이재발신하고 불인자는 이신발재니라

★ 發   일어날 발. 일어날 起와 같다.

★ 어진 사람은 재물을 흩어서 백성의 마음을 얻고, 어질지 못한 사람은 몸을 망쳐서 재물을 늘린다는 뜻이다.

윗사람이 인仁을 좋아하는데 아랫사람이 의義를 좋아하지 않는 경우는 없으니, 아랫사람이 의義를 좋아하고서 그 [윗사람의] 일을 끝마치지 못하는 경우는 없으며, 창고의 재물이 그 [윗사람의] 재물이 아닌 경우도 없다.

未有上好仁而下不好義者也니 未有好義요 其事不終者也며 未有府庫財가 非其財者也니라

| 미유상호인이하불호의자야니 미유호의요 기사부종자야며 미유부고재가
| 비기재자야니라

맹헌자孟獻子가 말하기를 "마승馬乘을 기르는 대부 집안에서는 닭과 돼지 기르는 일을 하지 않고, 얼음을 쓰는 경대부卿大夫 이상의 집안에서는 소와 양을 기르지 않고, 백승百乘의 집안에서는 백성들에게 갖가지 세금을 마구 거둬들이는 신하를 두지 않으니, 백성의 세금을 마구 거둬들이

는 신하를 두기보다는 차라리 내 재물을 도둑질하는 신하를 두리라."고 하였으니, 이것이 '나라 다스리는 사람은 이익利益을 이로움으로 여기지 않고 의義를 이로움으로 여긴다'고 하는 것이다.

孟獻子曰 畜馬乘은 不察於鷄豚하고 伐冰之家는 不畜牛羊하고
百乘之家는 不畜聚斂之臣하나니 與其有聚斂之臣으론 寧有盜臣
이라 하니 此謂國은 不以利爲利요 以義爲利也니라

> 맹헌자왈 휵마승은 불찰어계돈하고 벌빙지가는 불휵우양하고 백승지가는
> 불휵취렴지신하나니 여기유취렴지신으론 영유도신이라 하니 차위국은 불
> 이리위리요 이의위리야니라

- ★ **孟獻子**   춘추春秋시대 노魯나라의 대부大夫 중손멸仲孫蔑을 말한다.

- ★ **畜馬乘**   승乘은 네 마리의 말이 끄는 수레 또는 전차다. 사士 계층이
    처음으로 대부大夫가 되면 마승馬乘을 갖게 되므로, 대부 계
    층을 의미한다.

- ★ **冰**   얼음 빙氷.

- ★ **伐冰之家**   경대부卿大夫 이상의 집안을 의미하며, 이들은 상사喪事와 제
    사祭祀에 얼음을 쓸 수가 있었기 때문에 붙여진 이름이다.

- ★ **百乘之家**   경대부 이상으로서 자신의 채읍采邑을 가지고 있는 집안을
    말한다. 자신의 채읍에서 백대의 전차[乘]를 동원할 수 있다
    고 하여 붙여진 이름이다.

- ★ **聚斂**   모을 취. 거둘 렴. 재물을 탐내어 세금을 마구 거두어들이
    는 것을 말한다.

- ★ **與A寧B**   A 하기보다는 차라리 B 하는 것이 낫다.

국가를 다스리는 어른이 되어 재물을 쓰는 데 힘을 기울이는 자는 반드시 소인으로부터 시작되는 것이니, [저 소인이 잘한다고 하여] 소인에게 국가를 다스리게 한다면 재앙災殃과 해害로움이 함께 이르게 되어, 비록 선善한 사람이 있어도 또한 어찌할 수가 없을 것이다. 이것을 '나라 다스리는 사람은 이익을 이로움으로 여기지 않고 의를 이로움으로 여긴다'고 하는 것이다.

長國家而務財用者는 必自小人矣니 [彼爲善之라 하야] 小人之使爲國家면 菑害幷至라 雖有善者나 亦無如之何矣니 此謂國은 不以利爲利요 以義爲利也니라

> 장국가이무재용자는 필자소인의니 [피위선지라 하야] 소인지사위국가면 재해병지라 수유선자나 역무여지하의니 차위국은 불이리위리요 이의위리야니라

★ **長**   우두머리 장. 어른.

★ **自**   부터 자. 말미암을 유由와 같다.

★ **彼爲善之**   주희는 이 문장의 앞뒤에 빠진 글이나 오자誤字가 있는 것으로 보아 해석을 하지 않았으나, '저 소인이 잘한다고 하여'라고 해석하기도 한다.

★ **菑害**   재菑는 재災와 같은 글자로 흉년·홍수·가뭄과 같은 천재지변天災地變을 말하며, 해害는 도적이나 병란兵亂과 같은 인해人害를 말한다.

위는 전傳의 10장으로, 치국평천하治國平天下에 대해 풀이한 것이다.

右는 傳之十章이니 釋治國平天下하니라
| 우는 전지십장이니 석치국평천하하니라

무릇 전10장에서 앞의 네 장은 삼강령三綱領의 취지를 통론統論한 것이고, 뒤의 여섯 장은 팔조목八條目의 공부를 세론細論한 것이다. 특히 제5장은 선을 밝히는 요체이며, 제6장은 몸을 성실誠實히 하는 근본으로, 처음 배우는 자에게 더욱 마땅히 힘써야 할 급선무가 되므로, 읽는 자들은 천근淺近하다고 하여 소홀히 해서는 안 될 것이다.

凡傳十章에 前四章은 統論綱領指趣요 後六章은 細論條目工夫라 其第五章은 乃明善之要요 第六章은 乃誠身之本이니 在初學에 尤爲當務之急이니 讀者는 不可以其近而忽之也니라
| 범전십장에 전사장은 통론강령지취요 후육장은 세론조목공부라 기제오장은 내명선지요요 제육장은 내성신지본이니 재초학에 우위당무지급이니 독자는 불가이기근이홀지야니라

☕ 내용 해설

이 장에서는 '나라를 다스리고 천하를 화평和平하게 하는 것'에 대하여 설명했는데, 천하를 화평하게 하는 것은 먼저 내 나라를 올바르게 다스리는 데 달려 있다고 하였다.

서두에서는 나라를 다스리고 천하를 화평하게 하는 도리가 나의 마음으로써 남의 마음을 헤아리는 '혈구지도絜矩之道'에 달려 있음을 말하였고, 이어서 국가를 다스리는 사람은 백성들이 좋아하고 싫어하는 것을 헤아리고 모든 일을 신중히 공정하게 처리해야 한다고 하였다. 이에 민심을 얻으면 나라를 얻고 민심을 얻지 못하면 나라를 얻지 못한다고 하여, 나라를 다스리는 요점을 제시하였다.

　다음에는 나라를 다스릴 때는 재물財物보다는 덕성德性을 닦는 것이 근본이 됨을 밝혔는데, 이것이 바로 유학에서 추구하는 인간중심의 통치철학이라 할 수 있다. 이에 통치자가 선하다면 백성의 마음을 얻을 수 있음을 밝히고, 이어서 사람을 등용할 때도 공평한 기준을 따라야 할 것을 말하였다. 그리고 마지막에는 '의義'를 이로움으로 여겨야 한다는 점을 말하여, '덕본재말德本財末'의 원칙을 제시하였다.

　특히 말미에 있는 맹헌자孟獻子의 언급은 물화物貨의 생산과 유통에서 생기는 이윤을 어느 한 계층이나 집단이 독점해서는 안 된다는 점과 공권력을 휘둘러 백성들을 수탈收奪해서는 안 된다고 하는 공직자의 청렴淸廉을 강조하는 내용으로, 현대를 살아가는 우리들에게도 시사示唆하는 바가 크다고 하겠다.

古本大學

古本大學

고본대학

　『대학』의 도道는 자기의 지극한 덕을 드러내 밝히는 데 있으며, 백성을 친애하는 데 있으며, 지극한 선善의 경지에 자처自處하는 데 있다. 자처할 곳을 안 뒤에 뜻이 정해지니, 뜻이 정해진 뒤에 마음이 고요하게 되고, 마음이 고요한 뒤에 몸이 편안해지며, 몸이 편안해진 뒤에 생각할 수 있고, 생각한 뒤에 일의 마땅함을 얻을 수 있다. 사물에는 근본根本과 말단末端이 있고 일에는 시작과 끝이 있으니, 먼저 할 것과 나중에 할 것을 안다면 도道에 가까울 것이다.

大學之道는 在明明德하며 在親民하며 在止於至善이니라 知止而
后에 有定이니 定而后에 能靜하며 靜而后에 能安하며 安而后에 能
慮하며 慮而后에 能得이니라 物有本末하고 事有終始하니 知所先後
면 則近道矣리라

> 대학지도는 재명명덕하며 재친민하며 재지어지선이니라 지지이후에 유정
> 이니 정이후에 능정하며 정이후에 능안하며 안이후에 능려하며 려이후에
> 능득이니라 물유본말하고 사유종시하니 지소선후면 즉근도의리라

옛날에 지극한 덕德을 온 세상에 밝히고자 했던 사람은
먼저 그 나라를 다스렸고, 그 나라를 다스리고자 했던 사
람은 먼저 그 집안을 가지런히 하였고, 그 집안을 가지런히
하고자 했던 사람은 먼저 그 몸을 닦았고, 그 몸을 닦고자
했던 사람은 먼저 그 마음을 바르게 했고, 그 마음을 바르
게 하고자 했던 사람은 먼저 그 생각을 정성스럽게 했고,
그 생각을 정성스럽게 하고자 했던 사람은 먼저 그 앎을
이르게 하였으니, 앎을 이르게 함은 일이 오게 함에 있다.

古之欲明明德於天下者는 先治其國하고 欲治其國者는 先齊其
家하고 欲齊其家者는 先修其身하고 欲修其身者는 先正其心하고
欲正其心者는 先誠其意하고 欲誠其意者는 先致其知하니 致知는
在格物하니라

> 고지욕명명덕어천하자는 선치기국하고 욕치기국자는 선제기가하고 욕제
> 기가자는 선수기신하고 욕수기신자는 선정기심하고 욕정기심자는 선성기
> 의하고 욕성기의자는 선치기지하니 치지는 재격물하니라

★ 知   정현鄭玄은 "선악善惡과 길흉吉凶의 처음과 끝을 아는 것이다."라
고 풀이하였다.

★ 格物 정현은 격格을 '오다[來]', 물物을 '일[事]'이라고 하여, 격물을 "선을 깊이 알면 좋은 일을 오게 하고 악을 깊이 알면 나쁜 일을 오게 하니, 일은 사람이 좋아하는 것을 따라옴을 말한 것이다."라고 풀이하였다.

일이 온 뒤에 선악을 알게 되고, 선악을 알게 된 뒤에 생각이 정성스럽게 되고, 생각이 정성스럽게 된 뒤에 마음이 바르게 되고, 마음이 바르게 된 뒤에 몸이 닦이고, 몸이 닦인 뒤에 집안이 가지런해지고, 집안이 가지런해진 뒤에 나라가 다스려지고, 나라가 다스려진 뒤에 온 천하가 평안해진다. 천자天子로부터 서인庶人에 이르기까지 오로지 이를 행하는데, 모두 수신修身을 근본으로 삼는다. 근본이 어지러운데 끝이 다스려지는 경우는 없으며, 후하게 대했는데 가볍게 갚고 가볍게 대했는데 후하게 갚는 사람은 있지 않았다.

物格而后에 知至하고 知至而后에 意誠하고 意誠而后에 心正하고 心正而后에 身修하고 身修而后에 家齊하고 家齊而后에 國治하고 國治而后에 天下平이니라 自天子로 以至於庶人히 壹是皆以修身爲本이니라 其本亂而末治者는 否矣며 其所厚者에 薄이요 而其所薄者에 厚는 未之有也니라

물격이후에 지지하고 지지이후에 의성하고 의성이후에 심정하고 심정이후에 신수하고 신수이후에 가제하고 가제이후에 국치하고 국치이후에 천하평이니라 자천자로 이지어서인히 일시개이수신위본이니라 기본난이말치자는 부의며 기소후자에 박이요 이기소박자에 후는 미지유야니라

이것을 '근본을 안다'고 하는 것이며, 이것을 '앎이 지극하다'고 하는 것이다.

此謂知本이요 此謂知之至也니라

| 차위지본이요 차위지지지야니라

★ 주희는 『대학장구』에서 이 문장의 '차위지지지야此謂知之至也'가 전5장에 해당하는 격물치지格物致知를 설명한 내용의 맺는 부분이며, 그 앞에 빠진 내용이 있다고 보았다.

이른바 '그 생각을 정성스럽게 한다'는 것은, 자기 스스로 속이지 않는다는 것이다. 마치 악취惡臭를 싫어하는 것처럼 하고 마치 어여쁜 여인을 좋아하는 것처럼 하는 것이니, 이것을 '스스로 만족함'이라고 말한다. 그러므로 군자는 반드시 홀로 있을 때를 삼간다. 소인은 한가로이 홀로 거처할 때 나쁜 짓을 하여 이르지 않는 곳이 없다가, 군자를 본 뒤에는 몰래 불선不善함을 감추고 선함만을 드러내려고 하는데, 남들이 자기를 보기를 마치 폐肺와 간肝을 보듯이 하니 무슨 유익함이 있겠는가! 이것을 '마음속에서 정성스러우면 외면으로 드러난다'라고 하는 것이다. 그러므로 군자는 반드시 홀로 있을 때를 삼간다.

所謂誠其意者는 毋自欺也니 如惡惡臭하고 如好好色이라 此之謂
自謙이니 故로 君子는 必愼其獨也니라 小人이 閒居에 爲不善하되
無所不至하다가 見君子而后에 厭然揜其不善하고 而著其善하나니
人之視己가 如見其肺肝然이니 則何益矣리오 此謂誠於中이면 形
於外니 故로 君子는 必愼其獨也니라

소위성기의자는 무자기야니 여오악취하고 여호호색이라 차지위자겸이니
고로 군자는 필신기독야니라 소인이 한거에 위불선하되 무소부지하다가 견
군자이후에 암연엄기불선하고 이저기선하나니 인지시기가 여견기폐간연
이니 즉하익의리오 차위성어중이면 형어외니 고로 군자는 필신기독야니라

증자가 말하기를, "열 사람의 눈이 바라보고 있으며, 열
사람의 손가락이 가리키고 있으니, 그 엄함이여!"라 하였
다. 부유함은 집을 윤택하게 하고 덕德은 몸을 윤택하게 하
니, 마음이 넓어지면 몸이 풍만하게 된다. 그러므로 군자
는 반드시 그 생각을 정성스럽게 한다.

曾子曰 十目所視며 十手所指니 其嚴乎인저 富潤屋이요 德潤身이
라 心廣體胖하나니 故로 君子는 必誠其意니라

증자왈 십목소시며 십수소지니 기엄호인저 부윤옥이요 덕윤신이라 심광체
반하나니 고로 군자는 필성기의니라

★ 이상 두 문장은 『대학장구』에서 전6장의 내용에 해당한다.

『시경』에 "저 기수淇水의 물굽이 기슭을 보니 조개풀과
마디풀이 아름답고 무성하구나! 문장文章이 있는 군자君子
여. 자른 듯하고 갈아낸 듯하며, 쪼아낸 듯하고 갈아낸 듯

하구나! 엄숙하며 굳셈이여, 빛나며 드러남이여! 문장이 있는 군자를 끝내 잊을 수가 없도다."라 하였다. '자른 듯하고 갈아낸 듯하다'는 것은 학문學問을 말하는 것이고, '쪼아낸 듯하고 갈아낸 듯하다'는 것은 스스로 수양함을 말하는 것이며, '엄숙하며 굳셈이여'는 엄숙한 용모를 말하는 것이고, '빛나며 드러남이여'는 위엄威嚴 있는 거동을 말하는 것이며, '문장이 있는 군자를 끝내 잊을 수가 없도다'는 융성한 덕과 지극한 선함을 백성들이 잊지 못한다는 것을 말하는 것이다.

詩云 瞻彼淇澳한대 菉竹猗猗로다 有斐君子여 如切如磋하며 如琢如磨로다 瑟兮僴兮며 赫兮喧兮니 有斐君子여 終不可諠兮라 하니 如切如磋者는 道學也요 如琢如磨者는 自修也요 瑟兮僴兮者는 恂慄也요 赫兮喧兮者는 威儀也요 有斐君子終不可諠兮者는 道盛德至善을 民之不能忘也니라

> 시운 첨피기욱한대 녹죽의의로다 유비군자여 여절여차하며 여탁여마로다 슬혜한혜며 혁혜훤혜니 유비군자여 종불가훤혜라 하니 여절여차자는 도학야요 여탁여마자는 자수야요 슬혜한혜자는 준률야요 혁혜훤혜자는 위의야요 유비군자종불가훤혜자는 도성덕지선을 민지불능망야니라

『시경』에 "아아! 전대前代의 왕을 잊지 못한다."고 했으니, [전대의 왕이] 군자에 대해서는 그 어짊을 어질게 여기고 그 친親한 이를 친하게 여기며, 소인에 대해서는 그가 즐겁게 여기는 것을 즐겁게 여기고 그가 이롭게 여기는 것을 이롭

게 여겼으니, 이 때문에 세상을 떠났더라도 잊지 못하는 것이다.

詩云 於戱라 前王不忘이라 하니 君子는 賢其賢而親其親하고 小人은 樂其樂而利其利하나니 此以沒世不忘也니라

시운 오호라 전왕불망이라 하니 군자는 현기현이친기친하고 소인은 락기락이리기리하나니 차이몰세불망야니라

★ 이상 두 문장은 『대학장구』에서 전3장 후반부에 해당한다.

「강고康誥」에서는 "덕을 잘 밝혔다."고 하였고, 「태갑太甲」에서는 "하늘의 밝은 명命을 돌아보고 바로잡았다."고 하였고, 「제전帝典」에서는 "큰 덕을 잘 밝혔다."고 하였으니, 모두 스스로 밝힌 것이다.

康誥에 曰 克明德이라 하며 太甲에 曰 顧諟天之明命이라 하며 帝典에 曰 克明峻德이라 하니 皆自明也니라

강고에 왈 극명덕이라 하며 태갑에 왈 고시천지명명이라 하며 제전에 왈 극명준덕이라 하니 개자명야니라

★ 이 문장은 『대학장구』에서 전1장의 내용에 해당한다.

탕왕湯王의 목욕통에 새긴 경구警句에 말하기를, "진실로 어느 날 새로워졌거든 나날이 새롭게 하고, 또 날로 새롭게 하라."고 하였고, 「강고」에서는 "새로운 백성이 되어라."고 하였고, 『시경詩經』에서는 "주周나라가 비록 오래된 나라

이지만, 그 교명敎命은 오직 스스로 새로워졌다."라 하였으니, 그러므로 군자는 그 마음과 힘을 다하지 않음이 없는 것이다.

湯之盤銘에 曰 苟日新이어든 日日新하고 又日新이라 하고 康誥에 曰 作新民이라 하고 詩曰 周雖舊邦이나 其命維新이라 하니 是故로 君子는 無所不用其極이니라

> 탕지반명에 왈 구 일신이어든 일일신하고 우일신이라 하고 강고에 왈 작신민이라 하고 시왈 주수구방이나 기명유신이라 하니 시고로 군자는 무소불용기극이니라

★ 이 문장은 『대학장구』에서 전2장의 내용에 해당한다.

『시경』에 "나라의 기내畿內 땅 천리千里여! 오직 백성들이 머물러 살 만한 곳이다."라 하였다. 『시경』에 "자그마한 저 꾀꼬리여! 깊은 산 울창한 숲속에 머무네!"라 했는데, 공자孔子가 말하기를 "새도 머물러 살 때 머물러 살 만한 곳을 알고 있으니, 사람으로서 새보다 못해서야 되겠는가!"라고 하였다.

詩云 邦畿千里여 惟民所止라 하니라 詩云 緡蠻黃鳥여 止于丘隅라 하거늘 子曰 於止에 知其所止로소니 可以人而不如鳥乎아 하시니라

> 시운 방기천리여 유민소지라 하니라 시운 면만황조여 지우구우라 하거늘 자왈 어지에 지기소지로소니 가이인이불여조호아 하시니라

『시경』에 "아름다운 문왕文王이여! 아아, 밝고 환하여 머물 곳을 삼갔도다."라 하였으니, 임금이 되어서는 인仁에 머물렀고, 신하가 되어서는 공경함에 머물렀으며, 자식이 되어서는 효도함에 머물렀고, 아버지가 되어서는 자애로움에 머물렀으며, 나라 사람들과 사귈 때는 믿음에 머물렀다.

詩云 穆穆文王이여 於緝熙敬止라 하니 爲人君하얀 止於仁하시고 爲人臣하얀 止於敬하시고 爲人子하얀 止於孝하시고 爲人父하얀 止於慈하시고 與國人交엔 止於信이러시다

> 시운 목목문왕이여 오즙희경지라 하니 위인군하얀 지어인하시고 위인신하얀 지어경하시고 위인자하얀 지어효하시고 위인부하얀 지어자하시고 여국인교엔 지어신이러시다

★ 이상 두 문장은 『대학장구』에서 전3장 전반부에 해당한다.

공자가 말하기를 "송사訟事를 듣고서 처리하는 것은 나도 남과 같지만, 나는 반드시 송사 자체가 일어나지 않도록 할 것이다."라 하였으니, 진실성이 없는 사람이 거짓말을 다 하지 못하게 한 것은 백성들의 생각을 크게 두렵게 만들었기 때문이다. 이것을 '근본根本을 안다'고 하는 것이다.

子曰 聽訟이 吾猶人也나 必也使無訟乎인저 하시니 無情者가 不得盡其辭는 大畏民志니 此謂知本이니라

> 자왈 청송이 오유인야나 필야사무송호인저 하시니 무정자가 부득진기사는 대외민지니 차위지본이니라

★ 이 문장은 『대학장구』에서 전4장의 내용에 해당한다.

이른바 '몸가짐의 수양修養이 마음을 바르게 하는 데 달려 있다'고 하는 것은, 몸에 분하고 화나는 일이 있으면 그 바름을 얻지 못하고, 겁내거나 두려워하는 바가 있으면 그 바름을 얻지 못하고, 좋아하고 즐기는 바가 있으면 그 바름을 얻지 못하며, 근심하는 바가 있으면 그 바름을 얻지 못한다는 것이다. 마음이 있지 않으면 보아도 보이지 않고, 들어도 들리지 않으며, 먹어도 그 맛을 모르게 된다. 이것을 '몸가짐의 수양이 마음을 바르게 하는 데 달려 있다'고 하는 것이다.

所謂修身이 在正其心者는 身有所忿懥면 則不得其正하며 有所恐懼면 則不得其正하며 有所好樂면 則不得其正하며 有所憂患이면 則不得其正이니라 心不在焉이면 視而不見하며 聽而不聞하며 食而不知其味니라 此謂修身이 在正其心이니라

소위수신이 재정기심자는 신유소분치면 즉부득기정하며 유소공구면 즉부득기정하며 유소호요면 즉부득기정하며 유소우환이면 즉부득기정이니라 심부재언이면 시이불견하며 청이불문하며 식이부지기미니라 차위수신이 재정기심이니라

★ 이 문장 이후의 내용은 『고본대학』과 『대학장구』의 차례가 같다.

이른바 '그 집안을 가지런하게 하는 것이 자신의 몸가짐을 수양하는 데 달려 있다'고 하는 것은, 사람들이 친애하는 대상을 마주하면 자기 마음에 비유해 보아야 하며, 천하게 여기고 미워하는 대상을 마주하면 자기 마음에 비유해 보아

야 하며, 두려워하고 공경하는 대상을 마주하면 자기 마음
에 비유해 보아야 하며, 가엽고 불쌍히 여기는 대상을 마주
하면 자기 마음에 비유해 보아야 하며, 깔보고 업신여기는
대상을 마주하면 자기 마음에 비유해 보아야 한다. 그러므
로 좋아하면서도 그 나쁜 점을 알고, 미워하면서도 그 아름
다운 점을 아는 사람이 이 세상에 드문 것이다. 그러므로 속
담에 "사람들은 자기 자식의 악惡한 점을 알지 못하고, 자기
싹이 큼을 알지 못한다."고 하였다. 이것을 '몸가짐을 수양하
지 않으면 집안을 가지런히 할 수 없다'고 하는 것이다.

所謂齊其家가 在修其身者는 人이 之其所親愛而辟焉하며 之其
所賤惡而辟焉하며 之其所畏敬而辟焉하며 之其所哀矜而辟焉하
며 之其所敖惰而辟焉하나니 故로 好而知其惡하며 惡而知其美者
가 天下에 鮮矣니라 故로 諺에 有之하니 曰 人莫知其子之惡하며 莫
知其苗之碩이라 하니라 此謂身不修면 不可以齊其家니라

소위제기가가 재수기신자는 인이 지기소친애이벽언하며 지기소천오이벽언
하며 지기소외경이벽언하며 지기소애긍이벽언하며 지기소오타이벽언하나
니 고로 호이지기악하며 오이지기미자가 천하에 선의니라 고로 언에 유지
하니 왈 인막지기자지악하며 막지기묘지석이라 하니라 차위신불수면 불가
이제기가니라

이른바 '나라를 다스리고자 하면 반드시 먼저 집안을 가
지런하게 해야 한다'고 하는 것은, 집안 사람을 가르치지 못
하고서 남을 가르칠 수 있는 사람은 없다는 것이다. 그러므

로 군자는 집을 벗어나지 않고서도 나라에서의 교화를 완성할 수 있다. 효도는 임금을 섬기는 원리가 되고, 공손함은 어른을 섬기는 원리가 되며, 자애로움은 백성을 부리는 원리가 되기 때문이다. 「강고」에서 "갓난아이를 보호하듯이 한다."고 하였으니, 마음으로부터 진실로 구한다면 비록 적중的中하지는 않더라도 멀리 벗어나지는 않을 것이다. 자식 기르는 방법을 배운 뒤에 시집가는 사람은 없는 것이다.

所謂治國이 必先齊其家者는 其家를 不可敎요 而能敎人者는 無之하니 故로 君子는 不出家而成敎於國하니 孝者는 所以事君也요 弟者는 所以事長也요 慈者는 所以使衆也니라 康誥에 曰 如保赤子라 하니 心誠求之면 雖不中이나 不遠矣니 未有學養子而后에 嫁者也니라

소위치국이 필선제기가자는 기가를 불가교요 이능교인자는 무지하니 고로 군자는 불출가이성교어국하니 효자는 소이사군야요 제자는 소이사장야요 자자는 소이사중이니라 강고에 왈 여보적자라 하니 심성구지면 수부중이나 불원의니 미유학양자이후에 가자야니라

한 집안이 어질면 온 나라에 어진 풍속이 일어나게 되고, 한 집안이 겸양謙讓하면 온 나라에 겸양하는 풍속이 일어나게 되며, 한 사람이 이익을 탐하면 온 나라에 혼란이 일어나게 되니, 그 기틀이 이와 같다. 이것을 '한마디 말이 일을 그르치게 하며, 한 사람이 나라를 안정시킨다'고 하는 것이다.

一家仁이면 一國이 興仁하며 一家讓이면 一國이 興讓하고 一人이 貪
戾하면 一國이 作亂하나니 其機如此하니 此謂一言이 僨事며 一人이
定國이니라

일가인이면 일국이 흥인하며 일가양이면 일국이 흥양하고 일인이 탐려하면
일국이 작란하나니 기기여차하니 차위일언이 분사며 일인이 정국이니라

요堯임금과 순舜임금이 천하를 인仁으로 다스리자 백성
들이 이를 따랐고, 걸桀왕과 주紂왕이 천하를 포악함으로
다스리자 백성들이 이를 따랐으니, 그 명령하는 바가 그 자
신이 좋아하는 것과 상반되면 백성들이 따르지 않는다. 그
러므로 군자는 자기에게 인과 겸양이 있은 뒤에 남에게 요
구하며, 자기에게 이익을 탐함이 없은 뒤에 남을 비난하는
것이다. 자기 몸에 간직한 것이 서恕하지 못하고서 남을 깨
우칠 수 있는 사람은 없다. 그러므로 나라를 다스리는 것이
그 집안을 가지런하게 하는 데 달려 있는 것이다.

堯舜이 帥天下以仁하신대 而民이 從之하며 桀紂가 帥天下以暴한대
而民이 從之하니 其所令이 反其所好면 而民이 不從하나니 是故로
君子는 有諸己而後에 求諸人하며 無諸己而後에 非諸人하나니 所
藏乎身이 不恕요 而能喩諸人者는 未之有也니라 故로 治國이 在齊
其家니라

요순이 솔천하이인하신대 이민이 종지하며 걸주가 솔천하이포한대 이민이
종지하니 기소령이 반기소호면 이민이 부종하나니 시고로 군자는 유저기
이후에 구저인하며 무저기이후에 비저인하나니 소장호신이 불서요 이능유
저인자는 미지유야니라 고로 치국이 재제기가니라

『시경』에 "복숭아꽃의 예쁨이여! 그 잎이 무성하구나. 이 아가씨가 시집감이여! 그 집안 사람들에게 잘할 것이다."라 하였으니, 그 집안 식구에게 잘한 뒤에야 나라 사람들을 교화할 수 있는 것이다. 『시경』에 "형에게 잘하고, 아우에게 잘한다."고 하였으니, 형에게 잘하고 아우에게 잘한 뒤에야 나라 사람들을 교화할 수 있는 것이다. 『시경』에 "그 위의威儀; 행동가 어긋나지 않는지라, 사방의 나라에서 어른이 될 수 있다."고 하였으니, 그 부자父子와 형제兄弟들이 족히 본받을 만한 뒤에야 백성들이 그를 본받는 것이다. 이것을 '나라를 다스리는 것이 그 집안을 가지런하게 하는 데 달려 있다'고 하는 것이다.

詩云 桃之夭夭여 其葉蓁蓁이로다 之子于歸여 宜其家人이라 하니 宜其家人而后에 可以教國人이니라 詩云 宜兄宜弟라 하니 宜兄宜弟而后에 可以教國人이니라 詩云 其儀不忒이라 正是四國이라 하니 其爲父子兄弟가 足法而后에 民이 法之也니라 此謂治國이 在齊其家니라

> 시운 도지요요여 기엽진진이로다 지자우귀여 의기가인이라 하니 의기가인이후에 가이교국인이니라 시운 의형의제라 하니 의형의제이후에 가이교국인이니라 시운 기의불특이라 정시사국이라 하니 기위부자형제가 족법이후에 민이 법지야니라 차위치국이 재제기가니라

이른바 '천하를 화평和平하게 하는 것이 그 나라를 다스리는 데 달려 있다'는 것은, 윗사람이 노인을 노인으로 대우하면 백성들이 효도孝道하는 기풍을 일으킬 것이며, 윗

사람이 어른을 어른으로 대접하면 백성들이 공경하는 기풍을 일으킬 것이며, 윗사람이 고아孤兒를 불쌍히 여기면 백성들이 서로 등 돌리고 버리지 않게 되는 것이다. 그러므로 군자는 '결거지도絜矩之道; 자기가 갖고 있는 법도를 잘 잡아 남을 헤아리는 도리'가 있다.

所謂平天下가 在治其國者는 上老老而民興孝하며 上長長而民興弟하며 上恤孤而民不倍하나니 是以로 君子는 有絜矩之道也니라

소위평천하가 재치기국자는 상노노이민흥효하며 상장장이민흥제하며 상 휼고이민불배하나니 시이로 군자는 유결거지도야니라

★ **絜矩**　　주희의 『대학장구』에서는 음을 '혈구'라고 했으나, 당唐 육덕명 陸德明의 『경전석문經典釋文』에서는 "결絜은 음이 결結이고, 거矩 는 기거반其呂反이다."라고 하여 '결거'라고 하였다.

윗사람에게서 싫어하는 것으로 아랫사람을 부리지 말고, 아랫사람에게서 싫어하는 것으로 윗사람을 섬기지 말며, 앞사람에게서 싫어하는 것으로 뒷사람에게 앞서 행하지 말고, 뒷사람에게서 싫어하는 것으로 앞사람을 따르지 말며, 오른쪽 사람에게서 싫어하는 것으로 왼쪽 사람을 사귀지 말고, 왼쪽 사람에게서 싫어하는 것으로 오른쪽 사람을 사귀지 말아야 하니, 이것을 '결거지도絜矩之道'라고 하는 것이다.

所惡於上_{으로} 毋以使下_{하며} 所惡於下_로 毋以事上_{하며} 所惡於前_{으로} 毋以先後_{하며} 所惡於後_로 毋以從前_{하며} 所惡於右_로 毋以交於左_{하며} 所惡於左_로 毋以交於右_가 此之謂絜矩之道_{니라}

소오어상으로 무이사하하며 소오어하로 무이사상하며 소오어전으로 무이선후하며 소오어후로 무이종전하며 소오어우로 무이교어좌하며 소오어좌로 무이교어우가 차지위결거지도니라

『시경』에 "즐거우신 군자여! 백성의 부모로다."라 하였으니, 백성들이 좋아하는 것을 좋아하며 백성들이 싫어하는 것을 싫어하므로, 이를 '백성의 부모'라고 하는 것이다.

詩云 樂只君子_여 民之父母_라 하니 民之所好_를 好之_{하며} 民之所惡_를 惡之_{하니} 此之謂民之父母_{니라}

시운 락지군자여 민지부모라 하니 민지소호를 호지하며 민지소오를 오지하니 차지위민지부모니라

『시경』에 "깎아지른 듯한 저 남산이여! 저 큰 바위가 우뚝 솟아 있구나. 찬란하게 빛나는 태사太師 윤씨尹氏여! 백성들이 모두 그대를 우러러본다."고 하였으니, 국가를 소유한 사람은 신중하지 않으면 안 되니 편벽偏僻되면 천하 사람들에게 죽임을 당하게 될 것이다.

詩云 節彼南山_{이여} 維石巖巖_{이로다} 赫赫師尹_{이여} 民具爾瞻_{이라} 하니 有國者_는 不可以不愼_{이니} 辟則爲天下僇矣_{니라}

시운 절피남산이여 유석암암이로다 혁혁사윤이여 민구이첨이라 하니 유국자는 불가이불신이니 벽즉위천하륙의니라

『시경』에 "은殷나라가 백성을 잃지 않았을 때는 능히 상제上帝와 짝할 수 있었으니, 마땅히 은나라를 거울삼아야 할 것이다. 큰 명命은 얻기가 쉽지 않다."고 하였으니, 백성을 얻으면 나라를 얻고 백성을 잃으면 나라를 잃는다는 것을 말한 것이다. 그러므로 군자는 먼저 자신의 덕德을 삼가야 할 것이니, 덕이 있으면 백성이 있게 되고, 백성이 있으면 영토가 있게 되며, 영토가 있으면 재물이 있게 되고, 재물이 있으면 나라의 쓰임이 있게 된다. 덕은 근본이고 재물은 말단이니, 근본을 가볍게 여기고 말단을 중요하게 여기게 되면, 이익을 다투는 백성들이 폭력으로 빼앗으려는 마음을 쓸 것이다. 그러므로 재물을 모으면 백성이 흩어지고, 재물을 흩으면 백성이 모이게 된다. 그러므로 임금의 명령하는 말이 백성의 마음에 어긋나게 내보낸 것은 또한 명령에 어긋나게 들어오게 되고, 임금이 재물을 백성의 마음에 어긋나게 거두어들인 것은 또한 임금의 마음에 어긋나게 나가게 될 것이다.

詩云 殷之未喪師엔 克配上帝러니 儀監于殷이어다 峻命不易라 하니 道得衆則得國하고 失衆則失國이니라 是故로 君子는 先愼乎德이니 有德이면 此有人이요 有人이면 此有土요 有土면 此有財요 有財면 此有用이니라 德者는 本也요 財者는 末也니 外本內末이면 爭民施奪이니라 是故로 財聚則民散하고 財散則民聚니라 是故로 言悖而出者는 亦悖而入하고 貨悖而入者는 亦悖而出이니라

시운 은지미상사엔 극배상제러니 의감우은이어다 준명불이라 하니 도득중
즉득국하고 실중즉실국이니라 시고로 군자는 선신호덕이니 유덕이면 차유
인이요 유인이면 차유토요 유토면 차유재요 유재면 차유용이니라 덕자는
본야요 재자는 말야니 외본내말이면 쟁민시탈이니라 시고로 재취즉민산하
고 재산즉민취니라 시고로 언패이출자는 역패이입하고 화패이입자는 역패
이출이니라

「강고」에 "천명天命은 일정하지 않다."라 하였으니, 선善하
면 얻고 불선不善하면 잃게 된다는 것을 말한 것이다.

康誥에 曰 惟命은 不于常이라 하니 道善則得之하고 不善則失之矣
니라

| 강고에 왈 유명은 불우상이라 하니 도선즉득지하고 불선즉실지니라

초楚나라의 기록에 "초나라는 보배로 삼을 것이 없다.
오직 선인善人을 보배로 삼는다."고 하였다.

楚書에 曰 楚國은 無以爲寶요 惟善을 以爲寶라 하니라

| 초서에 왈 초국은 무이위보 유선을 이위보라 하니라

* 楚書　주희는 초서楚書를 『국어國語』의 「초어楚語」로 보았으나, 정현은
　　　　"초 소왕昭王 때의 글이다."라고 풀이하였다.

구범舅犯이 말하기를, "망명亡命한 사람은 보배로 삼을 것이
없고, 인도仁道를 친애함을 보배로 삼아야 한다."고 하였다.

舅犯이 曰 亡人은 無以爲寶요 仁親을 以爲寶라 하니라

| 구범이 왈 망인은 무이위보요 인친을 이위보라 하니라

「진서秦誓」에 "만약 한 지조가 굳은 신하가 있어서 정성
스럽고 한결같기만 하고 다른 재주는 없지만, 그 마음이
아름답고 너그러워 남을 용납함이 있는 듯하여 남이 지닌
재주를 마치 자기가 소유한 것처럼 여기며, 남의 훌륭한
재능과 성聖스러움을 마음으로 좋아하여 자기 입에서 나
온 것처럼 여길 뿐만이 아니라면, 이는 잘 포용하는 것이
어서 우리 자손과 백성들을 보전할 수 있을 것이니, 거의
이로움이 있을 것이다. 그런데 남이 지닌 재주를 시기하고
미워하며 남의 훌륭한 재능과 성스러움을 어긋나게 하여
임금과 통하지 못하게 하면, 이것은 포용하지 못하는 것이
어서 우리 자손과 백성을 보전하지 못할 것이니, 또한 위태
로울 것이다."라 하였다.

秦誓에 曰 若有一个臣이 斷斷兮요 無他技나 其心이 休休焉하여
其如有容焉이라 人之有技를 若己有之하며 人之彦聖을 其心好之
하여 不啻若自其口出이면 寔能容之라 以能保我子孫黎民이니 尙
亦有利哉인저 人之有技를 娼疾以惡之하며 人之彦聖을 而違之하
야 俾不通이면 寔不能容이라 以不能保我子孫黎民이니 亦曰殆哉
인저 하니라

| 진서에 왈 약유일개신이 단단혜요 무타기나 기심이 휴휴언하여 기여유용
| 언이라 인지유기를 약기유지하며 인지언성을 기심호지하여 불시약자기구
| 출이면 식능용지라 이능보아자손려민이니 상역유리재인저 인지유기를 모

질이오지하며 인지언성을 이위지하야 비불통이면 식불능용이라 이불능보
아자손려민이니 역왈태재인저 하니라

오직 어진 사람이라야 이런 악한 사람을 추방하여 사방
오랑캐의 땅으로 내쫓아 중원中原에서 더불어 살지 못하게
할 수 있으니, 이것을 '오직 어진 사람이라야 남을 사랑할
수 있으며, 남을 미워할 수 있다'고 하는 것이다.

唯仁人이라야 放流之하되 迸諸四夷하야 不與同中國하나니 此謂唯
仁人이라야 爲能愛人하며 能惡人이니라

유인인이라야 방류지하되 병저사이하야 불여동중국하나니 차위유인인이
라야 위능애인하며 능오인이니라

어진 사람을 보고도 천거薦擧하지 못하며 천거하되 자기
보다 먼저 등용하게 하지 못하는 것은 태만怠慢한 것이요,
선하지 못한 사람을 보고도 물리치지 못하며 물리치되 멀
리하지 못하는 것은 과실過失이다.

見賢而不能擧하며 擧而不能先이 命也요 見不善而不能退하며
退而不能遠이 過也니라

견현이불능거하며 거이불능선이 명야요 견불선이불능퇴하며 퇴이불능원
이 과야니라

사람들이 싫어하는 것을 좋아하고 사람들이 좋아하는
것을 싫어하는 것을, '사람의 본성을 거스른다'고 말한다.
이러한 사람은 재앙이 반드시 그 몸에 미칠 것이다.

好人之所惡하며 惡人之所好를 是謂拂人之性이라 菑必逮夫身이
니라

| 호인지소오하며 오인지소호를 시위불인지성이라 재필체부신이니라

　그러므로 군자에게는 큰 도리가 있으니, 반드시 충실함
과 믿음으로써 얻고 교만함과 방자함으로써 잃는 것이다.

是故로 君子有大道하니 必忠信以得之하고 驕泰以失之니라

| 시고로 군자유대도하니 필충신이득지하고 교태이실지니라

　재물을 생산하는 데 큰 도리가 있으니, 생산하는 사람
이 많고 먹는 사람이 적으며, 만드는 사람은 부지런히 만
들고 쓰는 사람은 천천히 쓰면, 재물이 항상 풍족할 것이
다.

生財에 有大道하니 生之者衆하고 食之者寡하며 爲之者疾하고 用之
者舒하면 則財恒足矣리라

| 생재에 유대도하니 생지자중하고 식지자과하며 위지자질하고 용지자서하
| 면 즉재항족의리라

　어진 사람은 재물로써 몸을 일으키고, 어질지 못한 사람
은 몸으로써 재물을 일으킨다.

仁者는 以財發身하고 不仁者는 以身發財니라

| 인자는 이재발신하고 불인자는 이신발재니라

윗사람이 인仁을 좋아하는데 아랫사람이 의義를 좋아하지 않는 사람은 없으니, 아랫사람이 의義를 좋아하고서 윗사람의 일이 끝마쳐지지 못하는 경우는 없으며, 창고의 재물이 그 윗사람의 재물이 아닌 경우도 없다.

未有上好仁而下不好義者也니 未有好義요 其事不終者也며 未有府庫財가 非其財者也니라

미유상호인이하불호의자야니 미유호의요 기사부종자야며 미유부고재가 비기재자야니라

맹헌자孟獻子가 말하기를 "마승馬乘을 기르는 대부 집안에서는 닭과 돼지 기르는 일을 하지 않고, 얼음을 쓰는 경대부卿大夫 이상의 집안에서는 소와 양을 기르지 않고, 백승百乘의 집안에서는 백성들에게 갖가지 세금을 마구 거둬들이는 신하를 두지 않으니, 백성의 세금을 마구 거둬들이는 신하를 두기보다는 차라리 내 재물을 도둑질하는 신하를 두리라."고 하였으니, 이것이 '나라 다스리는 사람은 이익利益을 이로움으로 여기지 않고 의義를 이로움으로 여긴다'고 하는 것이다.

孟獻子曰 畜馬乘은 不察於鷄豚하고 伐冰之家는 不畜牛羊하고
百乘之家는 不畜聚斂之臣하나니 與其有聚斂之臣으론 寧有盜臣
이라 하니 此謂國은 不以利爲利요 以義爲利也니라

> 맹헌자왈 휵마승은 불찰어계돈하고 벌빙지가는 불휵우양하고 백승지가는
> 불휵취렴지신하나니 여기유취렴지신으론 영유도신이라 하니 차위국은 불
> 이리위리요 이의위리야니라

　국가의 어른이 되어 재물을 쓰는 데 힘쓰는 것은 반드
시 저절로 소인의 행동이 된다. 저 임금이 잘 다스리고자
하면서 소인에게 국가를 다스리게 한다면, 재앙災殃과 해害
로움이 함께 이르게 되어 비록 잘하는 점이 있어도 또한
어찌할 수가 없을 것이다. 이것을 '국가는 이익을 이로움으
로 여기지 않고 의를 이로움으로 여겨야 한다'고 하는 것
이다.

長國家而務財用者는 必自小人矣니 彼爲善之하여 小人之使爲
國家면 菑害幷至라 雖有善者나 亦無如之何矣니 此謂國은 不以
利爲利요 以義爲利也니라

> 장국가이무재용자는 필자소인의니 피위선지하여 소인지사위국가면 재해
> 병지라 수유선자나 역무여지하의니 차위국은 불이리위리요 이의위리야니
> 라

역자 소개

역자 도민재(都民宰)는 1966년 서울에서 출생했다. 성균관대학교 유학대학 유학과를 졸업한 후 성균관 대학교 대학원 동양철학과에서 석사와 박사과정을 마치고 「조선전기 예학사상 연구」라는 논문으로 철학박사 학위를 취득했다. 중국 북경대학 철학과에서 고급진수과정을 이수했고, 성균관대학교·대구한의대학교·상지대학교에서 강의했다. 영산대학교 교수를 거쳐 현재 청주대학교 교양대학 교양학부 교수로 재직하고있다.

주된 연구분야는 유가철학과 예학분야로, 특히 고전을 통한 인성교육과 전통 의례의 현대적 적용에 관심을 갖고 연구하고 있다. 공저로 『논어의 종합적 고찰』, 『계당·민산의 학문과 사상』이 있고 역서로 『효경』, 『예기』(편역)가 있으며 「한강 정구의 학문과 예학사상」, 「한국의 전통 가정교육과 유교」, 「유교 제례의 구조와 의미」 등 다수의 연구 논문이 있다.

대 학(大 學)_큰 배움의 길

초판 1쇄 인쇄 2023년 3월 25일
초판 1쇄 발행 2023년 3월 30일

역　　자 도민재

펴 낸 이 임순재

펴 낸 곳 (주)한올출판사

등　　록 제11-403호

주　　소 서울시 마포구 모래내로 83(성산동, 한올빌딩 3층)

전　　화 (02)376-4298(대표)

팩　　스 (02)302-8073

홈페이지 www.hanol.co.kr

e - 메 일 hanol@hanol.co.kr

I S B N 979-11-6647-343-2

대학
大學

대학
大學

대학
大學